ECHO *Express*

2

Jeannie McNeill

Steve Williams

www.heinemann.co.uk
✓ Free online support
✓ Useful weblinks
✓ 24 hour online ordering

01865 888058

Heinemann

Inspiring generations

Heinemann is an imprint of Pearson Education Limited, a company incorporated in England and Wales, having its registered office at Edinburgh Gate, Harlow, Essex, CM20 2JE. Registered company number: 872828

Heinemann is a registered trademark of **Pearson** Education Limited

© Jeannie McNeill and Steve Williams, 2005

First published 2005

11
10 9 8

British Library Cataloguing in Publication Data is available
from the British Library on request.

ISBN: 978 0 435389 51 2

Copyright notice

Designed by Wooden Ark Studio
Typeset by Artistix

Original illustrations © **Pearson** Education Limited, 2005

Illustrated by **Jane Smith, Andrew Hennessey, Ben Morris, Specs Art** (Pete Smith), **Illustration** (Stuart Holmes, Willie Ryan) and by **Young Digital Poland** (Robert Jaszczurowski)

Cover design by Wooden Ark Studio

Printed in China (CTPS /08)

Cover photo: © Getty Images

Acknowledgements

The authors would like to thank Herr Conzelmann and all the staff and pupils of Königin-Katharina-Stift Gymnasium, Stuttgart, Wolfgang Marschner at Studio f. Neue Medien, Großenseebach and all involved with the recording, Sue Chapple, Jana Kohl and Michael Wardle for their help in the making of this course.

Song lyrics by Sabine Lockner-Schadek.

Music composed and arranged by John Connor.

Songs performed by Luca Beltrami and Gertrud Thoma.

Recorded at Gun Turret Studios, Bromsgrove. Engineered by Pete O'Connor.

Photographs were provided by **Corbis** p.8 (Spain), p.18 (mountain bikers), p.39 (teenage boy, teenage girl), p.42, p.43 (skateboarders), p.103 (village scene), p.107 (boy in sports shop), **Digital Vision** p.51 (film star), **Empics** p.95 (Olympic athletes), **Getty Images/Photodisc** p.8 (Greece, Portugal, USA, Italy), p.15 (plate of pasta, ski slope), p.18 (beach volleyball), p.25 (teenage boy), p.34 (turkey, teenagers in snow), p.44 (teenagers in forest), p.63 (teenage boy), p.95 (teenage boy), **Getty News & Sport** p.66 (German women's football team, Regina Häusl, Steffi Graf), **Pearson Education Ltd/Gareth Boden** p.45 (black forest gateau), Rex Features p.66 (Michael Schumacher, Boris Becker, Jan Ullrich), **Skishoot** p.15 (ski resort shopping street, hotel). All other photos are provided by **Pearson Education Ltd/Jules Selmes**.

Every effort has been made to contact copyright holders of material reproduced in this book. Any omissions will be rectified in subsequent printings if notice is given to the publishers.

Contents — Inhalt

5 Wir gehen aus

6 Austausch

1 Die Ferien

1 Was machst du im Sommer?

Saying what you do at different times of the year
Using verbs in the present tense with *ich / du / er / sie / wir*

1 Hör zu. Was machen sie? (1–4)
Listen. What do they do?
Beispiel: **1** *Im Frühling – a, e, …*

1 Im Frühling

2 Im Sommer

3 Im Herbst

4 Im Winter

Marta
Thomas
Lena
Carolin
Selim
Christian

a b c d e f g h i

2 **Partnerarbeit. Mach Dialoge.**
Pairwork. Make up conversations.

- ■ Was machst du im (Winter)?
- ● Im (Winter) (spiele ich Fußball).
- ■ Das ist (a).
- ● Was machst du im (Herbst)?

Im Frühling …	spiele ich	Fußball / am Computer.
	gehe ich	einkaufen / ins Kino.
	fahre ich	Snowboard.
	höre ich	Musik.
	sehe ich	fern.
	lese ich. faulenze ich.	

3 **Lies den Text. Schreib die Sätze auf Seite 7 ab und füll die Lücken aus.**
Read the text. Write out the sentences on page 7 and fill in the gaps.

Hallo! Wie geht's? Jetzt ist der Sommer hier und das Wetter ist sehr warm. Ich gehe jeden Tag schwimmen. Was machst du im Sommer? Im Herbst ist das Wetter oft nicht so gut, also spiele ich mit meinen Freunden im Sportzentrum Basketball oder Fußball. Spielst du auch Fußball?

Meine Freundin Lena ist vierzehn. Sie wohnt auch hier in Stuttgart. Sie ist nicht so sportlich. Im Frühling und im Sommer geht sie in die Stadt. Sie spielt auch im Park Minigolf. Mein Freund Selim ist auch nicht sportlich. Im Sommer spielt er jeden Tag am Computer. Er liest auch gern.

Im Winter gehen Selim und ich manchmal ins Kino oder wir sehen zu Hause DVDs. Das ist O.K., aber der Sommer ist meine Lieblingsjahreszeit!

1 Im Sommer ___ ich ___.
2 Im Herbst ___ ich Fußball oder ___.
3 Was ___ du im ___?
4 ___ ___ Fußball?
5 Im Frühling ___ Lena in die ___.
6 Sie ___ auch ___.
7 Im Sommer ___ Selim am ___.
8 Er ___ auch ___.
9 Im ___ ___ wir ins Kino.
10 ___ sehen auch ___.

ECHO • Detektiv

A reminder of the present tense verb endings you have learnt so far:

ich	spiel**e**	geh**e**	seh**e**	les**e**
du	spiel**st**	geh**st**	sieh**st**	lie**st**
er/sie	spiel**t**	geh**t**	sieh**t**	lie**st**
wir	spiel**en**	geh**en**	seh**en**	les**en**

Lern weiter ➡ 6.2, Seite 117

 4

Hör zu. Schreib die Tabelle ab und füll sie aus.
Listen. Copy and complete the grid.

		Alter	Geburtstag	Stadt	Winter	Sommer
1	Daniel	14				
2	Lisa					
3	Toby					
4	Anna					

 5

Mach eine Umfrage. Notiere die Antworten. *Do a survey. Note the answers.*

> Wie heißt du?

> Wie alt bist du?

> Wann hast du Geburtstag?

> Wo wohnst du?

> Was machst du mit deinen Freunden im Sommer?

> Und im Winter?

> Was ist deine Lieblingsjahreszeit?

Ich heiße …
Ich bin …
Ich habe am …
Ich wohne in …
Wir …
Wir …
Der …

 6

Schreib einen Absatz. *Write a paragraph.*
Beispiel: Ich heiße Jens. Ich bin …

 7

Schreib einen Text über Schüler in deiner Klasse.
Write about people in your class, using your survey notes.
Beispiel:
James ist dreizehn Jahre alt. Er wohnt in Newcastle. Im Sommer geht er gern schwimmen. Er spielt auch gern Fußball. Im Winter geht er ins Kino und er spielt am Computer. Seine Lieblingsjahreszeit ist der Herbst.

sein(e) = *his*
ihr(e) = *her*

2 Wo warst du?

Talking about where you went in the holidays
Using ich war and es war to describe a past holiday

lesen 1 **Wo ist das?** *Which country is it?*
Beispiel: **1** Griechenland

Amerika Griechenland
Italien Portugal Spanien
zu Hause England

hören 2 **Hör zu. Wo waren sie?**
Für wie lange? (1–8)
Listen. Where did they go?
How long for?
Beispiel: **1** *Ireland, 1 week*

Ich war in	Amerika / England / Frankreich / Griechenland / Irland / Italien / Österreich / Portugal / Schottland / Spanien / Wales.
Ich war zu Hause.	
drei Tage / eine Woche / zwei Wochen.	

hören 3 **Hör zu und wiederhole.**
Listen and repeat.

> Spanien, Italien
> Irland, Schottland, Griechenland, England
> Portugal
> Amerika

Pronouncing names of countries

Remember that these will sound different in German, even if they look similar to the English.

sprechen 4 **Stell Fragen und mach Notizen.**
Ask questions and make notes.

■ Wo warst du in den Sommerferien?
● Ich war in (Cornwall).
■ Wie lange warst du dort?
● Für (eine Woche).

Name	Wo?	Wie lange?
Hannah	Cornwall	1 Woche

ECHO • Detektiv

was / were

ich war	I was
du war**st**	you were
er / sie / es war	he / she / it was

Lern weiter ➡ 6.17, Seite 124

schreiben 5 **Schreib Sätze.** *Write sentences.*
Beispiel: James war für eine Woche in Wales.
         Lucy war zu Hause.

hören 6 Hör zu. Schreib die Tabelle ab und füll sie aus. (1–6)
Listen. Copy and complete the grid.

	Wie lange?	Wo?	Meinung	Wetter?
1	1 Woche	Wales	super	kalt, sonnig

Es war	toll / super / interessant.	
	ziemlich / sehr / nicht … langweilig / lustig.	
Es war	sehr / ziemlich / zu	schön / sonnig / warm / windig / heiß / kalt.
Es hat (nie) geregnet.		

Use **zu** to say *too* in German:
Es war **zu** heiß. = *It was **too** hot.*

Remember to use the other qualifiers you have learned: **sehr** (*very*), **ziemlich** (*fairly*), and **nicht** (*not*)

sprechen 7 Partnerarbeit: Sieh dir die Bilder an.
Pairwork. Look at the pictures.

■ Wo warst du in den Sommerferien?
● Ich war für (zwei Wochen) in (Portugal).
■ Wie war es?
● Es war (toll).
■ Wie war das Wetter?
● Es war (ziemlich schön).

1

2

3

4

lesen 8 Füll die Lücken aus. *Fill the gaps.*

1
Ich __1__ für eine __2__ in Portugal, in der Nähe von Lissabon. Ich war mit Freunden dort. Es war __3__ ! Das Hotel war __4__ und __5__ . Das __6__ war sehr schön, aber es war manchmal zu __7__ . Das __8__ war lecker, besonders das Eis.

Wetter   heiß
groß   war
Essen   Woche
modern   toll
aber

2
Ich war für drei Wochen in __1__, in der Nähe von Fort William. Es war nicht so __2__. Das Wetter war __3__ schlecht. Es hat jeden Tag geregnet und es __4__ kalt und sehr __5__. Das __6__ war klein und ziemlich alt. Das Essen __7__ schrecklich und meine __8__ war sehr launisch. Furchtbar!

gut   Hotel   war
war   Schottland   und
Schwester   sehr   windig

manchmal = *sometimes*
besonders = *especially*
in der Nähe von = *near*

schreiben 9 Schreib einen Text über deine Alptraumferien.
Write a text about a nightmare holiday.
(You can adapt one of the texts in exercise 8.)

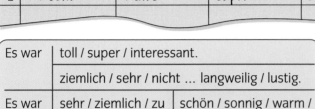

3 Was hast du gemacht?

Talking about places to stay
Saying what you did, using the perfect tense

lesen 1

Finde das Wort für jedes Bild.
Find the word to go with each picture.
Beispiel: **1** Hotel

Hotel Jugendherberge
Ferienwohnung
Campingplatz Ferienhaus
bei Freunden

Habib

Karl

Katja

Fairuza

Jonas

Sophie

hören 2

Hör zu. Wer spricht? (1–6)
Listen. Who is speaking?
Beispiel: **1** Sophie

hören 3

Hör zu und wiederhole.

Jugendherberge
Ferienwohnung
Campingplatz
Ferienhaus

Repeat each of these long words four times, getting faster each time. This will help you to say them correctly!

sprechen 4

Partnerarbeit. Sieh die Bilder aus Aufgabe 1 an.
Look at the pictures from exercise 1.

- ■ Wo hast du gewohnt?
- ● Ich habe in (einem Hotel) gewohnt.
- ■ Das ist die Nummer (eins).

Ich habe	in einer Ferienwohnung in einer Jugendherberge in einem Ferienhaus in einem Hotel auf einem Campingplatz bei Freunden bei meiner Familie	gewohnt.

ECHO • Detektiv

The perfect tense

To talk about what you did, use part of the verb **haben** + a participle

Ich habe ...	**ge**wohnt	*I stayed*
Du hast ...	**ge**spielt	*I played*
	gekauf**t**	*I bought*

Regular participles begin with **ge** and end with **t**. They go at the end of the sentence.

Lern weiter ➡ 6.10, Seite 121

 schreiben 5

Schreib die Sätze aus. Welches Bild ist das?
Write out the sentences. Which picture is it?
Beispiel: **1** Ich habe in einem Hotel gewohnt. – b

a   b   c   d   e   f

1   Ichhabeineinemhotelgewohnt.
2   Ichhabevolleyballgespielt.
3   Ichhabeeinejackegekauft.
4   Ichhabejedentagtennisgespielt.

5   Ichhabeaufeinemcampingplatz inspaniengewohnt.
6   Ichhabeeinbuchund bonbonsgekauft.

 **hören 6**

Hör zu. Wie ist die richtige Reihenfolge?
Listen. What is the correct order?
Beispiel: i, …

a   b   c   d   e   f   g   h   i

 hören 7

Hör noch mal zu. Was ist das auf Deutsch?
Listen again. How do you say it in German?

1   I stayed
2   I played
3   I ate
4   I drank
5   I saw
6   I bought

ECHO • Detektiv

Irregular verbs look different in the perfect tense.

Ich habe … **gesehen**.
Ich habe … **gegessen**.
Ich habe … **getrunken**.

Lern weiter ➡ 6.11, Seite 122

 schreiben 8

Schreib die Sätze auf. *Write the sentences.*
Beispiel: **1** Ich habe in einem Hotel gewohnt.

Ich habe …

1   in einem Hotel   gespielt.
2   Tischtennis   gegessen.
3   ein T-Shirt   gewohnt.
4   einen Film   gekauft.
5   Croissants   getrunken.
6   Mineralwasser   gesehen.

 Mini-Test • Check that you can

❶ Say what you do at different times of the year
❷ Say where you went on holiday
❸ Say where you stayed on holiday
❹ Say some things you did using the perfect tense

4 Der Europark ist toll

Saying what you did at the weekend
Using the perfect tense with *haben* and *sein*

hören 1 Hör zu und lies. Wer ist auf dem Foto?

LENAS TAGEBUCH

Samstag, den 15. August

Puh! Ich bin k.o.! Der Europark ist toll! Ich habe viel gemacht.

Heute Morgen habe ich in meinem Zimmer Musik gehört. Dann habe ich Fitnesstraining gemacht (um halb acht!). Das war sehr anstrengend! Ich habe auch im Schwimmbad einen Tauchkurs gemacht. Das war fantastisch.

Ich habe am Nachmittag eine Radtour gemacht. Ich bin 10 Kilometer mit dem Rad gefahren! Ich bin auch schwimmen gegangen. Dann habe ich mit Andreas Minigolf gespielt. Andreas ist ein neuer Freund. Er ist super cool.

Heute Abend bin ich mit Mutti und Vati ins Café gegangen. Ich habe Spaghetti gegessen – total lecker! Dann habe ich mit Andreas eine Band gesehen – das war wirklich gut. Ich bin um elf Uhr nach Hause gekommen.

Und jetzt? Tja, jetzt gehe ich ins Bett – es ist Viertel vor zwölf!

puh! = *phew!*
k.o. = *exhausted*
halb acht = *half past seven*
anstrengend = *tiring*
Radtour = *bike ride*
Tauchkurs = *diving course*
Viertel vor zwölf = *quarter to twelve*

lesen 2 Lies den Text noch mal. Ordne die Bilder.
Read the text again. Put the pictures in the correct order.

a  b  c   d   e   f g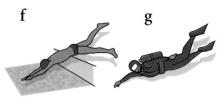

lesen 3 Lies den Text noch mal. Ergänze Lenas Sätze.
Read the text again. Complete Lena's sentences.

1 Das Fitnesstraining war sehr _____ .
2 Ich bin _____ Kilometer mit dem _____ gefahren.
3 Ich habe mit _____ im Café gegessen.
4 Die Spaghetti waren _____ .
5 Ich habe mit Andreas _____ gesehen.

Finde die Verben in Lenas Text.
Find the verbs in Lena's text.

1 hören → habe gehört
2 machen →
3 gehen →
4 fahren →
5 spielen →
6 essen →
7 sehen →
8 kommen →

ECHO • Detektiv

Forming the perfect tense

Most verbs form the perfect tense with **haben**:

ich habe … gemacht

Some verbs, like **gehen**, form the perfect tense with **sein**:

ich bin … gegangen

Lern weiter ➡ 6.10/6.12, Seite 121–2

 5 **Hör zu. Was haben sie im Europark gemacht? (1–5)**
Listen. What did they do at the Europark (three things per person)?
Beispiel: **1** Diving course, …

 6 **Gruppenspiel: Anfänge und Enden.**
Group game: begin and end sentences.

■ Ich habe Pizza …
● Gegessen. Ich bin schwimmen …
▲ Gegangen. Ich habe …

		eine Radtour einen Tauchkurs Fitnesstraining	gemacht.
Ich	habe	Minigolf / Tennis	gespielt.
		Pizza / Popcorn	gegessen.
		einen Film eine Band	gesehen.
	bin	schwimmen ins Café	gegangen.
		Mountainbike Skateboard	gefahren.

 7 **Was hast du im Europark gemacht? Schreib Sätze.**
What did you do at Europark? Write sentences.
Beispiel: **1** Ich habe Fitnesstraining gemacht.

1  **2**  **3**

4  **5**  **6**

 8 **Schreib einen Absatz über einen Tag im Europark. Verbinde die Sätze aus Aufgabe 7.**
Write a paragraph about a day at Europark. Join the sentences from exercise 7.
Heute Morgen habe / bin ich … und ich habe / bin auch …. Das Wetter war ….
Am Nachmittag habe / bin ich …. Dann habe / bin ich …. Heute Abend ….

5 Skiurlaub
Talking about a winter holiday
Practising the perfect tense

hören 1

Hör zu. Schreib die richtigen Nummern auf. (1–3)
Listen. Write down the correct numbers.
Beispiel: **1** Anna 1, 5 …

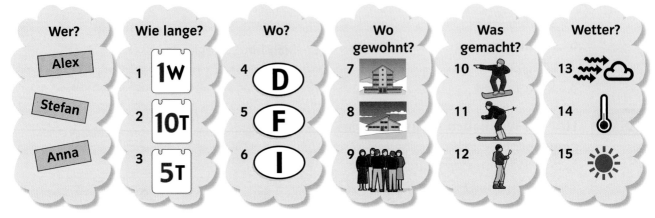

| Wer? | Wie lange? | Wo? | Wo gewohnt? | Was gemacht? | Wetter? |

sprechen 2

Partnerarbeit. *Pairwork.*

■ *(Chooses numbers 2, 5, 7, 10 and 14)*
● Wo warst du in den Ferien?
■ Ich war für zehn Tage in Frankreich.
● Wo hast du gewohnt?
■ Ich habe in einem Hotel gewohnt.
● Was hast du gemacht?
■ Ich bin Snowboard gefahren.
● Wie war das Wetter?
■ Das Wetter war kalt.
● *(Listens and makes notes)*
Das war (2, 5, 7, 10 und 14).
■ Richtig.

Listening for gist and detail

● The first time you listen, pick out the main details – which country did the person go to? How long for?
● Then listen again, to find more information.

Ich war für	eine Woche / fünf Tage / zehn Tage	
in	Deutschland / Frankreich / Italien.	
Ich habe	in einem Hotel / Ferienhaus bei Freunden	gewohnt.
Ich bin	Ski / Snowboard	gefahren.
	wandern	gegangen.
Das Wetter war	sonnig / kalt / windig.	

⊚ ECHO • Detektiv

The perfect tense with *haben*		**The perfect tense with *sein***	
ich habe	⎫ gemacht	ich bin	⎫ gegangen
du hast	⎪ gespielt	du bist	⎪ gefahren
er / sie / es hat	⎬ gewohnt	er / sie / es ist	⎬ gekommen
wir haben	⎪ gegessen	wir sind	⎪ gegangen
ihr habt	⎪ gelesen	ihr seid	⎪ gefahren
sie haben	⎭ gekauft	sie sind	⎭ gekommen

Lern weiter ➡ 6.11/6.12, Seite 121–2

lesen 3

Lies den Text. Ordne die Bilder.
Read the text. Put the pictures in the correct order.

Joachims Ferienalbum

Das Wetter in Italien war sehr schön – kalt und sonnig. Ich bin jeden Tag um neun Uhr morgens Ski gefahren und ich bin auf zwei schwarzen Pisten gefahren – das war schwierig, aber gut.

Das Hotel war groß und modern. Mein Zimmer war O.K. (ich war mit Andreas zusammen im Zimmer). Es gibt einen Fernseher und eine Minibar in jedem Zimmer, aber ich habe kein

Bier getrunken! Ich habe einen guten Horrorfilm gesehen (das war nachts um ein Uhr fünfzehn!).

Das Essen war wirklich lecker. Ich bin jeden Abend um sechs Uhr dreißig in die Pizzeria gegangen. Ich habe oft Pasta gegessen.

Ich bin mit Andreas auch in die Stadt gegangen. Er hat für seine Freundin Parfüm gekauft – mein Bruder ist doof und total verliebt!

schwarze Pisten = *black ski slopes (the most difficult ones)*
verliebt = *in love*

lesen 4

Korrigiere die Sätze. *Correct the sentences.*

1 Das Wetter in Italien war nicht sehr gut.
2 Joachim ist nicht in die Stadt gegangen.
3 Das Hotel war groß und alt.
4 Um acht Uhr morgens war Joachim auf den Pisten.
5 Joachim hat jeden Tag Pizza gegessen.
6 Joachim hat Bier getrunken.
7 Der Horrorfilm war langweilig.
8 Joachims Bruder hat keine Freundin.

schreiben 5

Du bist eine berühmte Person! Schreib etwas über deine Ferien.
Imagine you are a famous person. Write about your holiday.
Beispiel: Ich heiße JLo. Ich war in Colorado, in Amerika. Das Wetter war sonnig, aber nicht zu heiß und ich habe in einem Hotel gewohnt. Ich bin / habe jeden Tag …

Ich war in …

Das Wetter war …

Ich habe jeden Tag / jeden Morgen / jeden Abend … gewohnt / gekauft / gespielt / gesehen / gegessen / getrunken,

und aber

ich bin (auch) … gegangen / gefahren.

Lernzieltest

Check that you can:

1
- Talk about what you do at different times of the year

  Im Sommer spiele ich Tennis, im Winter fahre ich Snowboard.
- Ⓖ Remember the present tense verb endings for *ich, du, er/sie, wir*

  ich spiele, du spielst, er/sie spielt, wir spielen

2
- Name four countries people go to on holiday

  Spanien, Italien, Griechenland, Amerika
- Ⓖ Use *ich war* to describe where you were on holiday

  Ich war in Cornwall.
- Ⓖ Use *es war* to describe what your holiday was like

  Es war toll! Es war ziemlich langweilig.

3
- Talk about places to stay

  in einem Hotel, auf einem Campingplatz
- Say what you did on holiday

  Ich habe Tennis gespielt.
  Ich habe ein T-Shirt gekauft.
- Ⓖ Remember some participles for irregular verbs

  Ich habe Pommes gegessen.
  Ich habe Limo getrunken.
  Ich habe einen Film gesehen.

4
- Ⓖ Use the perfect tense with *haben*

  Ich habe Fitnesstraining gemacht.
  Ich habe einen Film gesehen.
- Ⓖ Use the perfect tense with *sein*

  Ich bin schwimmen gegangen.
  Ich bin ins Café gegangen.

5
- Give five details about a past holiday: where you went / stayed, what you did, weather

  Ich war in …
  Ich habe in … gewohnt.
  Ich bin … gefahren.
  Ich habe … gesehen.
  Das Wetter war …
- Join sentences and ideas together with *und* and *auch*

  Ich bin in die Stadt gegangen und ich habe einen Film gesehen.
  Ich habe auch Postkarten gekauft.

hören 1

Hör zu. Mach Notizen auf Englisch. (1–4) *Listen. Make notes in English.*

	Place	Activities	Opinion
1	France	tennis, swimming	great

sprechen 2

Partnerarbeit.
- ■ b und c
- ● Ich bin schwimmen gegangen und ich habe auch Fitnesstraining gemacht.

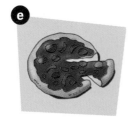

lesen 3

Lies die Postkarte und beantworte die Fragen.
Read the postcard and answer the questions.

Hallo Ina!
Mallorca ist wirklich toll. Wir sind für zehn Tage hier und es ist sonnig und sehr heiß. Wir wohnen auf einem Campingplatz. Wir gehen oft ins Restaurant – das Essen ist ziemlich gut. Ich habe jeden Tag Paella gegessen. Der Campingplatz ist sehr groß. Ich habe Tennis und Minigolf gespielt. Ich bin auch oft schwimmen gegangen. Heute Morgen habe ich mit Tobias Fitnesstraining gemacht. Heute Abend habe ich am Strand Volleyball gespielt. Das ist immer so lustig! Wir haben viele neue Freunde gefunden.
Bis bald,
Deine
Natalie

1 Where is Natalie on holiday?
2 How long is she there for?
3 What is the weather like?
4 Where is she staying?
5 What has she been doing ? (*4 things*)
6 What does she think of the food?
7 What does she think of volleyball?
8 What did she do this morning?

schreiben 4

Schreib eine Postkarte aus deinen Fantasieferien.
Write a postcard from an imaginary holiday.

lesen 1 Finde die Untertitel für Martas Fotos.
Find the captions for Marta's photos.

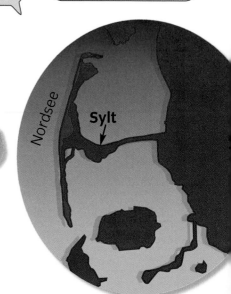

a Carolin ist immer so launisch.
b Die Jugendherberge auf Sylt ist wirklich gut.
c Wir haben gestern eine Radtour gemacht.
d Die Clique auf der Insel, mit Thorsten auf der linken Seite – er ist toll!
e Morgen spielen wir am Strand Volleyball.

Insel = *island*
Strand = *beach*

hören 2 Hör zu. Wie ist die richtige Reihenfolge? (Sieh die Fotos aus Aufgabe 1 an.)
Listen. Put the photos from exercise 1 in the correct order.
Beispiel: 2, ...

sprechen 3 Partnerarbeit. Ein(e) Partner(in) ist Marta. Stell Fragen.
Pairwork. One partner is Marta. Ask questions.

Was machst du morgen?

Wie findest du Thorsten?

Was hast du gemacht?

Wer ist das?

Wie findest du die Jugendherberge?

Wie findest du Carolin?

schreiben 4 Füll die Lücken aus. Schreib den Text ab.
Fill the gaps. Write the text.

Sylt ist eine __1__ in der Nordsee.
Es gibt viel __2__ und alte __3__ .
Man __4__ eine Radtour __5__ oder
am Strand Volleyball __6__ . Das
Wetter ist __7__ kalt und windig
auf Sylt, aber im __8__ ist es oft
heiß und sonnig.

Sommer kann
Insel Häuser
spielen Sand
manchmal
machen
lesen

Nordsee

Sylt

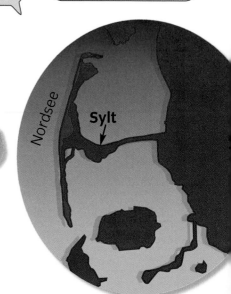

5 Hör zu und lies. *Listen and read.*

Hi Christian, wie geht's?

Wir sind für vier Tage (Freitag bis Montag) hier auf Sylt. Ich finde die Insel wirklich toll und die Jugendherberge ist auch gut. Ich bin im Cyber-Café. In unserem Schlafzimmer gibt es vier Betten. Ich bin mit Alexander, Lukas und Juri zusammen in einem Zimmer – es ist sehr lustig.

Gestern habe ich mit Marta eine Radtour gemacht. Das war O.K., aber Marta war immer bei mir und sie ist so laut – das finde ich langweilig. Lukas hat Fitnesstraining gemacht und Juri ist schwimmen gegangen. Alexander ist wandern gegangen.

Morgen spielen wir am Strand Volleyball. Am Nachmittag gehe ich mit Carolin segeln. Kennst du sie? Ich finde sie cool. Morgen Abend gibt es eine Disko in der Jugendherberge und wir essen Pizza.

Naja, ich muss gehen. Wir essen um sechs Uhr dreißig und es ist schon sechs Uhr zwanzig. Gestern Abend war ich zu spät und ich habe nur Brot gegessen!

Tschüs, Thorsten

 6 Wer hat die Texte geschrieben? *Who wrote the text messages?*
*Beispiel: **1** Thorsten*

a Man muss pünktlich essen.

b Thorsten hat eine Radtour mit mir gemacht – es war super!

c Carolin ist cool!

d Gestern bin ich wandern gegangen.

e Marta ist zu laut.

f Morgen gehe ich mit Thorsten segeln.

 7 Lies die E-Mail noch mal. Beantworte die Fragen in ganzen Sätzen.
Read the email again (exercise 5). Answer the questions with full sentences.

1 Wie findet Thorsten die Insel?
2 Was hat Lukas gestern gemacht?
3 Ist Juri gestern wandern gegangen?
4 Was hat Thorsten gestern Abend gegessen?
5 Was macht Thorsten morgen Abend?

ECHO • Detektiv

er / sie forms in the perfect tense

Er / Sie **hat**	gespielt / gemacht / gegessen.
Er / Sie **ist**	gegangen / gefahren.

 8 Schreib Sätze über einen Tag auf Sylt.
Write about a day on Sylt.

Ich war am Samstag mit (Name) auf Sylt. Es war ...

Ich habe ...
Ich bin ...

(Name) hat ...
Er / Sie ist ...

Die Jahreszeiten

im Frühling
im Sommer
im Herbst
im Winter

Was machst du?

Was machst du im
  Winter?
Ich spiele …
  Fußball.
  am Computer.
Ich gehe …
  einkaufen.
  ins Kino.
Ich fahre Snowboard.
Ich höre Musik.
Ich sehe fern.
Ich lese.
Ich faulenze.

Fragen

Wie heißt du?
Wie alt bist du?
Wann hast du
  Geburtstag?
Wo wohnst du?
Was ist deine
  Lieblingsjahreszeit?

Länder

Amerika
England
Frankreich
Griechenland
Irland
Italien
Österreich
Portugal
Schottland
Spanien
Wales

The seasons

in the spring
in the summer
in the autumn
in the winter

What do you do?

What do you do in the
  winter?
I play …
  football.
  computer games.
I go …
  shopping.
  to the cinema.
I go snowboarding.
I listen to music.
I watch television.
I read.
I laze around.

Questions

What's your name?
How old are you?
When is your birthday?

Where do you live?
What is your favourite
  season?

Countries

America
England
France
Greece
Ireland
Italy
Austria
Portugal
Scotland
Spain
Wales

Die Sommerferien

Wo warst du in den
  Sommerferien?
Ich war in (Frankreich).
  zu Hause
Für wie lange?
Für …
  drei Tage.
  eine Woche.
  zwei Wochen.
Wie war es?
Es war …
  (zu / ziemlich / sehr /
  nicht)
  toll / super / lustig.
  langweilig / furchtbar.
Wie war das Wetter?
Es war zu heiß.
Es hat (nie) geregnet.

Wo hast du gewohnt?

Ich habe (in einem
  Hotel) gewohnt.
  in einer
    Ferienwohnung
  in einer
    Jugendherberge
  in einem Ferienhaus
  auf einem
    Campingplatz
  bei Freunden / bei
    meiner Familie

Was hast du
  gemacht?

Ich habe …
  Volleyball gespielt.
  Postkarten gekauft.
  einen Film gesehen.
  Croissants / Pizza
    gegessen.
  Mineralwasser
    getrunken.

The summer holidays

Where were you in the
  summer holidays?
I was in (France).
  at home
For how long?
For …
  three days.
  a week.
  two weeks.
How was it?
It was …
  (too / quite / very / not)

  great / super / fun.
  boring / awful.
How was the weather?
It was too hot.
It (never) rained.

Where did you stay?

I stayed (in a hotel).
  in a holiday apartment.

  in a youth hostel.

  in a holiday house.
  on a campsite.

  with friends / family.

What did you do?

I …
  played volleyball.
  bought postcards.
  saw a film.
  ate croissants / Pizza.

  drank mineral water.

Musik gehört.	*listened to music.*
Fitnesstraining gemacht.	*did circuit training.*
einen Tauchkurs gemacht.	*did a scuba diving course.*
eine Radtour gemacht.	*went on a bike ride.*
Ich bin schwimmen gegangen.	*I went swimming.*
Ich bin ins Café gegangen.	*I went to the café.*
Ich bin Ski / Snowboard gefahren.	*I went skiing / snowboarding.*
Ich bin mit dem Rad gefahren.	*I went cycling.*
Ich bin wandern gegangen.	*I went hiking.*

Wie war das Wetter?

How was the weather?

Das Wetter war …	*The weather was …*
schön.	*nice.*
sonnig.	*sunny.*
windig.	*windy.*
wolkig.	*cloudy.*
neblig.	*foggy.*
frostig.	*frosty.*
heiß.	*hot.*
warm.	*warm.*
kalt.	*cold.*
Es hat geregnet.	*It rained.*
Es hat geschneit.	*It snowed.*
Es hat gedonnert und geblitzt.	*There was thunder and lightning.*

Strategie 1

Getting started

When you're just starting the year, you might feel that there's an awful lot to learn, so try to find some ways of refreshing what you know and learning words which you think are fun to start off the year!

● Play pictionary with a friend!
● Play word association. Your partner says a word. You say one from the same chapter that is connected with it in some way. Explain your thinking!
● Your partner says a word. You have to find one in the chapter or unit which starts with the last letter of their word.
● Your partner says a word, you have to find one with the same number of letters or syllables.

2 Einkaufen und Essen

1 Auf dem Markt

Buying fruit and vegetables
Using the *Wortschatz*

Many German towns have a market square (*Marktplatz*) where a market is held at least once a week. This is a great place to buy fresh food, snacks and souvenirs.

lesen 1

Schreib den richtigen Buchstaben auf.
Write the correct letter.
Beispiel: Bananen – i

Bananen!
Orangen!
Äpfel!
Tomaten!
Karotten!

Champignons!
Trauben!
Birnen!
Erdbeeren!
Kartoffeln!
Zwiebeln!
Kirschen!

If you can't guess what one of the words means, look it up in the **Wortschatz** at the back of the book. The fruit and vegetables shown here are given as plurals. When you look up a word, you need to recognise it in its singular form: **Birnen → die Birne (-n)**

hören 2

Hör zu. Was kaufen sie? Wie viel kostet das? (1–12)
Listen. What do they buy? How much does it cost?
Beispiel: **1** Birnen, €5,20

3 Hör zu und wiederhole. *Listen and repeat.*

fünfzig Gramm

hundert Gramm

zweihundert Gramm

zweihundertfünfzig Gramm

dreihundert Gramm

vierhundert Gramm

fünfhundert Gramm

siebenhundertfünfzig Gramm

ein Kilo *(= Tausend Gramm)*

zwei Kilo

 4 Partnerarbeit.

- ■ (Sechs Kilo Bananen,) bitte.
- ● Bild (b)! (Dreihundert Gramm Birnen), bitte.
- ■ Bild (f)! …

 5 Was kaufen sie? Hör zu und füll die Tabelle aus. (1–6)
What do they buy? Listen and complete the table.

	Was?	Was kostet das?
1	400g Kirschen, 1 kg Bananen	€9

Ich hätte gern means the same as **ich möchte**. It's another phrase you can use to say you would like something.

ECHO • Detektiv

you – polite

Remember to use **Sie** and the correct form of the verb when talking to adults:

Haben Sie Kirschen? *Do you have (any) cherries?*

The verb form is always the same as for **wir**: **wir haben**, **Sie haben**, etc.

Lern weiter ➡ 5.2, Seite 117

 6 Partnerarbeit.

- ■ Bitte sehr?
- ● Haben Sie (Tomaten)? →
- ■ Ja, natürlich.
- ● Ich hätte gern (ein Kilo) (Tomaten), bitte. →
- ■ Sonst noch etwas?
- ● Ja. Ich hätte gern (vierhundert Gramm) → (Kirschen), bitte.
- ■ Sonst noch etwas?
- ● Nein, danke. Das ist alles.
- ■ Das macht (neun Euro fünfzig), bitte. →

 7 Schreib einen Dialog auf dem Markt.
Write a conversation at a market.

lesen 1 Sieh dir die Bilder an. Was essen sie?
Look at the pictures. What are they eating?
Beispiel: Sophie – Schnitzel, …

> der Fisch
> der Salat
> der Eintopf
> der Milchshake

> die Suppe
> die Wurstplatte
> die Torte
> die Limonade

> das Steak
> das Schnitzel
> das Hähnchen
> das Eis
> das Mineralwasser

Sophie

Habib

Benno

Fairuza

hören 2 Hör zu. Was möchten sie? (1–5)
*Beispiel: **1** Tomatensuppe, …*

Café am Markt
SPEISEKARTE
ALLES FÜR €20!

Vorspeise
Tomatensuppe
Salat mit Tomaten, Zwiebeln und Käse
Wurstplatte

Hauptgericht
Fisch mit Pommes
Steak mit Kartoffeln
Schnitzel
Hähnchen mit Reis
Eintopf

Nachtisch
Eis
Torte (Schokolade)

Getränke
Mineralwasser
Limonade
Milchshake

Was möchtest du Was möchten Sie	als Vorspeise / Hauptgericht / Nachtisch?
Ich möchte	den Salat / Fisch / Eintopf. die Tomatensuppe / Wurstplatte / Torte. das Hähnchen / Steak / Schnitzel / Eis.
Was möchtest du Was möchten Sie	trinken?
Ich möchte	einen Milchshake. eine Limonade. ein Mineralwasser.
Nichts, danke.	

⚲ ECHO • Detektiv

Saying *the* and *a* after a verb (accusative)

		the	**a**
m	(der)	Ich möchte **den** Fisch.	Ich möchte **einen** Milchshake.
f	(die)	Ich möchte **die** Torte.	Ich möchte **eine** Limonade.
n	(das)	Ich möchte **das** Steak.	Ich möchte **ein** Mineralwasser.

Lern weiter ➡ 2.2, Seite 113

Partnerarbeit. Mach Notizen.
Beispiel: Sam: Tomatensuppe, …

- Guten Tag. Was möchtest du als (Vorspeise)?
- Also, ich möchte die Tomatensuppe, bitte.
- Und als Hauptgericht?
- Und als Nachtisch?
- Und zu trinken?

Lies den Text. Schreib die Tabelle ab und füll sie aus.
Read the text. Copy and complete the table.

	Starter	Main course	Dessert
Markus	Tomato soup – quite salty		
Mother			
Uncle			

salzig = *salty* geschmeckt = *tasted*
gefunden = *found* getrunken = *drank*

Markus Weiß

Kritik: Café am Markt

Wir sind am Samstagabend zum Café am Markt gegangen. Wir haben dort viel gegessen. Und wir haben es sehr lecker gefunden! Ich war zusammen mit meiner Mutter und ihrem Bruder dort.

Wir haben die Tomatensuppe als Vorspeise gegessen – wir haben sie ziemlich salzig gefunden. Dann habe ich das Schnitzel gegessen – das hat sehr gut geschmeckt. Meine Mutter hat den Eintopf mit Knödel gegessen („super!") und mein Onkel hat das Steak gegessen – das hat er „zu rot" gefunden. Onkel Ralf hat keinen Nachtisch gegessen, aber Mutti und ich haben die Schokoladentorte sehr lecker gefunden. Wir haben alle Mineralwasser getrunken.

Das Abendessen war wirklich gut und es hat nicht zu viel gekostet (nur zwanzig Euro pro Person). Gehen Sie mal zum Café am Markt! Es lohnt sich!

Adaptiere die Kritik mit der Information unten.
Adapt the review with the information below.

Uhrzeit	Mittwochabend, 20:30
Ort	Café am grünen Baum
Familie	mit meiner Schwester
	mit meinem Cousin
Vorspeise	ich – Wurstplatte (lecker!)
	Schwester – Tomatensuppe (furchtbar)
	Cousin – Salat (ein bisschen langweilig)
Hauptgericht	ich – Eintopf (zu salzig)
	Schwester und Cousin – Hähnchen mit Reis (wunderbar!)
Nachtisch	Alle – Vanilleeis
Getrunken	ich und Schwester – Cola
	Cousin – Bier
Gekostet	15 Euro pro Person

ECHO • Detektiv

Perfect tense with *er / sie / wir*

Ich **habe**	gemacht.
Er / Sie **hat**	gegessen.
Wir **haben**	gekauft.

Ich **bin**	gefahren.
Er / Sie **ist**	gegangen.
Wir **sind**	gekommen.

3 Wo gehst du einkaufen?

Saying what you can buy in different shops
Using *in* + dative to say where you shop

Hör zu. Was passt zusammen? (1–9)
Beispiel: 1 i

der Musikladen

die Buchhandlung

das Modegeschäft

die Konditorei

die Drogerie

das Sportgeschäft

die Metzgerei

das Kaufhaus

die Bäckerei

Hör zu. Wo und was? (1–9)
Beispiel: 1 Modegeschäft – f

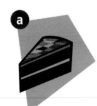

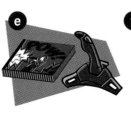

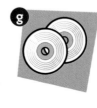

ECHO • Detektiv

in + dative

m	der Musikladen	→ **im** Musikladen
f	die Bäckerei	→ **in der** Bäckerei
n	das Kaufhaus	→ **im** Kaufhaus

im is short for **in dem**.

Lern weiter ➡ 2.3, Seite 114

Partnerarbeit.

- ■ Was kauft man (im Sportgeschäft)?
- ● (Im Sportgeschäft) kauft man (Sportschuhe und Kleidung).
  Was kauft man …?

Was	kauft man	im	Musikladen / Modegeschäft / Sportgeschäft / Kaufhaus?
		in der	Buchhandlung / Konditorei / Drogerie / Metzgerei / Bäckerei?

Kuchen / Sportschuhe / Würste / Make-up / Computerspiele / Kleidung / CDs / Brot / Bücher

 4

Schreib die Liste ab. Lies den Text und korrigiere die sechs Fehler.
Copy the list. Read the text and correct the six mistakes.
Beispiel: ~~Kuchen~~ – T-Shirt

Modegeschäft
~~Kuchen~~
Jeans

Kaufhaus
Computerspiele

Sportgeschäft
Sportschuhe
Würste

Konditorei
CDs
Brot

Ich trage gern coole Kleidung, also kaufe ich im Modegeschäft ein. Ich kaufe dort ein T-Shirt und Jeans. Dann kaufe ich im Kaufhaus ein. Ich kaufe dort eine Jacke. Ich bin auch sportlich – ich spiele gern Tennis. Ich kaufe also auch im Sportgeschäft ein. Dort kaufe ich Sportschuhe und Socken. Und was sonst? Ach ja, ich lese gern, also kaufe ich in der Buchhandlung ein. Dort kaufe ich Bücher und Comics.

 5

Partnerarbeit. Korrigiere die Sätze.

- ■ Also, ich kaufe im Musikladen ein, und kaufe dort Kuchen.
- ● Nein! Falsch! Du kaufst dort (CDs).

schreiben 6

Beantworte die Fragen. *Answer the questions.*
Beispiel: Ich lese gern. Ich kaufe in der Buchhandlung ein und ich kaufe dort …. Ich … auch gern ….

> Was machst du gern?

> Wo kaufst du ein?

> Was kaufst du dort?

Before you start to write:
- use your dictionary to look up the words for things you like to buy
- check how to form the plurals of nouns
- think about which shop you would buy things in.

✓ Mini-Test • Check that you can

1. Ask for three types of fruit and vegetables at a market
2. Order two foods and one drink in a restaurant
3. Say what you and other people ate and drank, using the perfect tense
4. Say the words for five different types of shop
5. Use *in* + dative to say where you buy things

Talking about pocket money
Working out words in context

hören 1 Hör zu und lies. Schreib die Tabelle ab und füll sie aus.
Listen and read. Copy and complete the table.

	bekommt ...	verdient ...	kauft / geht ...	spart auf ...?
Jonas	€50 / Monat	€10 / Woche	Zeitschriften, ...	
Katja				

Taschengeld? Ich bekomme fünfzig Euro pro Monat. Ich verdiene zehn Euro pro Woche – ich helfe zu Hause. Ich kaufe Zeitschriften und ich gehe ins Sportzentrum. Ich spare auf ein Mountainbike.

Jonas

Ich bekomme dreißig Euro Taschengeld pro Woche. Ich verdiene zwanzig Euro pro Woche – ich mache Babysitting. Ich kaufe Schmuck und Make-up. Ich spare auch auf einen Musik-Player.

Katja

Ich bekomme zwanzig Euro Taschengeld pro Woche. Ich trage auch Zeitungen aus – ich verdiene dreißig Euro pro Woche. Was kaufe ich damit? Ich kaufe Kleidung und ich gehe ins Kino. Ich spare auf einen Computer.

Ich bekomme vierzig Euro Taschengeld pro Monat. Ich arbeite manchmal im Garten und verdiene zehn Euro pro Woche. Ich kaufe Bücher und Computerspiele und spare auf ein Handy.

Sophie

Habib

lesen 2 Lies die Texte noch mal. Finde die Wörter. *Read the texts again. Find the words.*
Beispiel: Jonas – ich bekomme, ...

Jonas
I get
I'm saving for
magazines
I earn

Katja
jewellery
I'm also saving
an mp3 player
I do babysitting

Sophie
per month
a mobile phone
I work

Habib
What do I buy with it?
clothes
I do a paper round

schreiben 3 Übersetze den Text ins Deutsch.
Translate the text into German.

Pocket money? I get thirty-five euros a month and I buy magazines and CDs. I also earn ten euros a month – I work in the garden. I'm saving for a mobile phone.

When you look for these phrases:
1 Look for cognates.
2 Use words you already understand to help you.
3 Work out words by a process of elimination.

hören 4

Hör zu und mach Notizen. (1–4) *Listen and make notes.*

	bekommt ...	verdient ...	kauft / geht ...	spart auf ...
1	€100 / Monat	€10 / Woche	Zeitschriften, ...	

sprechen 5

Klassenumfrage.

Use a table like the one in exercise 4 to note your results.

- Wie viel Taschengeld bekommst du?
- Wie viel Geld verdienst du?
- Was kaufst du?
- Worauf sparst du?

Pfund = *pound(s)*

Ich bekomme	fünf Pfund / kein Taschengeld	pro Woche / pro Monat.
Ich verdiene	zehn Pfund / kein Geld	pro Woche.
Ich kaufe	Make-up / Schmuck / Kleidung. Computerspiele / Bücher / Zeitschriften.	
Ich gehe	ins Sportzentrum / Kino.	
Ich spare auf	einen Musik-Player / Computer.	
	ein Handy / Mountainbike.	

hören 6

Hör zu und lies. Richtig oder falsch? Verbessere die falschen Sätze.
True or false? Correct the false sentences.

1 Christian hat kein Taschengeld bekommen.
2 Er hat ein Getränk gekauft.
3 Die Zeitschrift hat €4,10 gekostet.
4 Er hat ein Buch gekauft.
5 Er hat jetzt €3,10.
6 Er braucht noch €3,90 für das Kino.

Carolin:	Möchtest du ins Kino gehen?
Christian:	Äh, nein. Ich habe kein Geld.
Carolin:	Aber du hast gestern Taschengeld bekommen, oder?
Christian:	Ja, ich habe fünfundzwanzig Euro bekommen.
Carolin:	Und? Wo ist das Geld jetzt?
Christian:	Ich habe eine Cola gekauft. Sie hat zwei Euro vierzig gekostet. Ich habe eine Zeitschrift gekauft – sie hat vier Euro fünfzig gekostet. Dann habe ich eine CD gekauft. Sie hat fünfzehn Euro gekostet.
Carolin:	Also, du hast drei Euro zehn.
Christian:	Ja, aber das Kino kostet sieben Euro!
Carolin:	Hmm, ja, das ist ein Problem!

schreiben 7

Was hast du letzte Woche mit deinem Taschengeld gemacht? Schreib einen Absatz. *What did you do with your pocket money last week? Write a paragraph.*

Beispiel: Ich bekomme ... Pfund pro Woche. Ich verdiene auch ... Pfund pro Woche.
Ich habe gestern / letzte Woche ... gekauft. Das hat ... gekostet.

hören 1

Hör zu und lies. *Listen and read.*

Carolin, Marta, Selim, Lena, Christian und Thomas haben alle 100 Euro zu Weihnachten bekommen. Sie sind einkaufen gegangen.

Person A ist ins Sportgeschäft gegangen, um Sportschuhe zu kaufen. Dann hat er / sie Pommes gegessen und eine Cola getrunken. Er / Sie ist mit Person **F** ins Kino gegangen.

Person B ist ins Modegeschäft gegangen, um eine Jacke zu kaufen. Dann hat er / sie ein Brötchen gegessen und Wasser getrunken.

Person C ist in den Computerladen gegangen, um ein Computerspiel zu kaufen. Dann hat er / sie Pizza gegessen und Apfelsaft getrunken.

Person D ist in den Musikladen gegangen, um CDs zu kaufen. Dort hat er / sie zwei Heavy-Metal-CDs gekauft. Er / Sie hat nichts gegessen oder getrunken.

Person E ist in die Drogerie gegangen, um Make-up zu kaufen. Er / Sie ist auch ins Kaufhaus gegangen, um ein Handy zu kaufen. Dann hat er / sie ein Sandwich gegessen und Limo getrunken.

Person F ist in die Buchhandlung gegangen, um ein Buch über Fußball zu kaufen. Dann hat er / sie Hähnchen gegessen und Schoko-Milch getrunken. Er / Sie ist mit Person **A** ins Kino gegangen.

Selim findet Fußball sehr interessant, aber er hat keine Sportschuhe gekauft.

Carolin hat etwas gegessen. Sie hat ein Handy gekauft.

Marta hört gern Heavy Metal.

Thomas hat jetzt zweiunddreißig Euro.

Lena hat jetzt dreizehn Euro. Sie hat kein Make-up gekauft.

Christian hat einen Film gesehen. Er ist nicht in die Buchhandlung gegangen.

COMPUTERWELT
Computerspiel 55,00

JUNGE MODE
Jacke 80,00

Café
Pizza 10,00
Apfelsaft 3,00

Café
Käsebrötchen. 5,00
Wasser 2,00

ECHO • Detektiv

Ich gehe **in den** Musikladen.
in die Buchhandlung.
ins (= in das) Sportgeschäft.

Here **in** is used with the accusative and not the dative because it involves movement.

Lern weiter ➡ 3.3, Seite 115

lesen 2

Kannst du das Rätsel lösen? *Can you solve the puzzle?*
Beispiel: Person A ist …

Logic puzzles are easier if you do them step-by-step:

1 Read the text and the clues very carefully.

2 Solve the easy problems first:
Carolin: bought mobile – must be person E!

3 For the people you still don't know, write what you have learned about them.

4 Use your notes to work out the difficult problems:
Selim: likes football – didn't buy trainers – isn't person A

◎ ECHO•Detektiv

um … zu + infinitive = *in order to …*

um CDs **zu** kaufen	= *in order to buy CDs*
um ein Sandwich **zu** essen	= *in order to eat a sandwich*

Lern weiter ➡ 8.5, Seite 127

sprechen 3

Partnerarbeit. Katjas Einkaufsbummel. *Katja's shopping trip.*

■ Wohin ist Katja gegangen?

● *[Throws a 1]* Katja ist (ins Sportgeschäft) gegangen, um (ein Skateboard) zu kaufen. Wohin ist Katja gegangen?

■ *[Throws a 3]* Katja ist (in die Buchhandlung) gegangen, um (eine Zeitschrift) zu kaufen …

	Sportgeschäft
	Modegeschäft
	Buchhandlung
	Computerladen
	Supermarkt
	Kaufhaus

Sie	ist	in den	Computerladen / Supermarkt	gegangen,	um	einen Computer / Musik-Player	zu kaufen.
		ins	Sportgeschäft / Modegeschaft / Kaufhaus			eine Jacke / CD / Zeitschrift	
		in die	Buchhandlung / Drogerie			ein Skateboard / T-Shirt / Buch / Handy	
						Schmuck / Sportschuhe / Äpfel / Orangen	

schreiben 4

Sascha Schicks Einkaufsbummel. Schreib eine Geschichte.
Sascha Schick's shopping trip. Write a story.
Beispiel: Sascha ist einkaufen gegangen. Zuerst ist sie ins Sportgeschäft gegangen, um … zu kaufen. Dann …

Lernzieltest

Check that you can:

1
- Ask for some fruit and vegetables, saying how much you want
- **G** Use polite *Sie* to ask about things at a market

Ich hätte gern vierhundert Gramm Erdbeeren, bitte.
Haben Sie Kirschen?

2
- Order food and drink in a restaurant
- Say what you ate and drank

- **G** Use the perfect tense with *er / sie / wir*

Ich möchte das Schnitzel und eine Limo.
Ich habe die Pizza gegessen und eine Limo getrunken.

Er hat den Salat gegessen, sie hat das Steak gegessen, wir haben eine Cola getrunken.

3
- Name some shops

- **G** Say where you buy some things, using *in der / im* correctly

- Say where you shop and what you buy there

der Musikladen, die Buchhandlung, die Konditorei, die Drogerie, das Sportgeschäft, das Kaufhaus
Kleidung kauft man im Modegeschäft. Kuchen kauft man in der Konditorei.
Ich kaufe im Modegeschäft ein. Ich kaufe dort Kleidung.

4
- Say how much pocket money you get per week / month
- Say how much money you earn.
- Talk about how you earn money
- Ask a friend how much pocket money they get

Ich bekomme zwanzig Pfund Taschengeld pro Woche / Monat.
Ich verdiene zehn Pfund pro Woche.
Ich mache Babysitting.
Wie viel Taschengeld bekommst du?

5
- Say what shops someone went to, using *in* + accusative
- Say what they bought
- Understand sentences with *um … zu …*

Timo ist ins Kaufhaus gegangen.

Er hat ein Buch gekauft.
Er ist in die Bäckerei gegangen, um Brot zu kaufen.

hören 1

Hör zu. Was kaufen sie?
Wie viel kostet das? (1–4)
Beispiel: 1 5 Orangen, 10 Bananen, €4,50

> Brot Bananen Marmelade Champignons
> Milch Käse Orangen Schinken Zwiebeln

hören 2

Hör zu. Beantworte die Fragen.

1 Where is Marta? (*2 facts*)
2 What has Marta just bought?
3 What is Marta buying at the moment?
4 How much did the first item cost?
5 How much does the second item cost?
6 How much money does she have left?
7 Where does Marta's mum want her to go? (*2 places*)
8 What does she want Marta to buy? (*2 things*)

sprechen 3

Partnerarbeit. Mach Interviews.

> *Wie viel Taschengeld bekommst du?*

> *Wo kaufst du ein?*

> *Wie viel Geld verdienst du?*

> *Was kaufst du?*

> *Was hast du diese Woche gekauft?*

> *Was hat das gekostet?*

lesen 4

Ergänze den Brief.
Complete the letter. (The words are below, but there are three words too many.)

> aber Brot Café Buch ich
> gegessen gekauft getrunken
> Make-up Handy In im
> gegangen

> Hi Maike,
>
> heute habe __1__ viel gemacht. Im Musikladen
> habe ich eine CD __2__ . In der Buchhandlung
> habe ich ein __3__ gekauft.
> Dann bin ich in die Drogerie __4__ . Dort
> habe ich __5__ gekauft.
> __6__ der Bäckerei habe ich __7__ gekauft.
> Ist das alles? Nein. Im __8__ habe ich
> ein Sandwich __9__ und Cola __10__ .
>
> Deine Lisa

schreiben 5

Wohin bist du gegangen? Was hast du dort gekauft?
Where did you go? What did you buy?
Beispiel: 1a Ich bin ins Modegeschäft gegangen, um ... zu kaufen.

hören 1 Hör zu und lies.

Stuttgart, den 19. Dezember

Hallo Emily!

Nächste Woche ist Weihnachten — echt spitze!

In Deutschland ist Weihnachten am 24. Dezember, nicht am 25. Dezember. So feiern wir Weihnachten in meiner Familie:

Der 24. Dezember heißt Heiligabend. Am Morgen essen wir ein großes Frühstück. Dann dekorieren wir das Haus — mein Bruder dekoriert immer den Weihnachtsbaum. Am Nachmittag gehen wir in die Kirche — das finde ich furchtbar langweilig. Am Abend bekommen wir Geschenke, aber wir bekommen keine Weihnachtskarten. Dieses Jahr bekomme ich ein Handy und einen Musik-Player — hoffentlich! Wir essen Würstchen und Kartoffelsalat zum Abendessen. Dann singen wir Weihnachtslieder.

Am 25. Dezember besuchen wir meine Großeltern — Opa Hans und Oma Helga. Das finde ich super: Opa Hans ist toll. Er ist siebzig Jahre alt, aber er fährt gut Skateboard! Meine Tante und meine Cousinen sind auch dort. Am Morgen spielen wir Spiele — Monopoly oder Trivial Pursuit. Dann gibt es ein großes Mittagessen, aber wir essen eine Gans — wir essen keinen Truthahn wie in England. Am Nachmittag gibt es oft eine Schneeballschlacht — das ist immer lustig!

Wie feierst du Weihnachten? Schreib bald!

Frohe Weihnachten und ein glückliches neues Jahr!

Deine Marta

Germans only send Christmas cards to friends and relations who live far away.

In southern Germany it usually snows in the winter.

lesen 2 Beantworte die Fragen auf Englisch. *Answer the questions in English.*

1 Find **four** things Marta's family does on Christmas Eve.
2 Find **two** things they eat on Christmas Eve.
3 Which members of their family get together on Christmas Day?
4 Find **two** things that Marta likes about Christmas and **two** things she doesn't like.

3

Wie sagt man das auf Deutsch?

Beispiel: 1 Der 24. Dezember heißt Heiligabend.

1 The 24th of December is called Christmas Eve.
2 We put up decorations.
3 We decorate the Christmas tree.
4 We go to church.
5 We get presents.
6 We don't get any Christmas cards.
7 We sing Christmas carols.
8 We play games.
9 We eat goose.
10 There's a snowball fight.
11 Merry Christmas and Happy New Year!

hören **4**   **Hör zu und sing mit.**

Die schönste Zeit
ist die Weihnachtszeit
für mich.
Das tolle Weihnachtsessen
Kann ich nicht vergessen.
Würstchen und Nachtisch sind köstlich
und der Weihnachtsbaum sehr festlich.
Die schönste Zeit
ist die Weihnachtszeit
für mich.
Wir singen Weihnachtslieder.
(Peinlich! Und immer wieder!)
Wir essen leck're Weihnachtsgans,
dann spiele ich mit Opa Hans.
Die schönste Zeit
ist die Weihnachtszeit
für mich.
Am Abend gibt's Geschenke.
Und wenn ich daran denke,
weiß ich, dass unser Weihnachtsbaum
so schön ist wie in einem Traum.
Die schönste Zeit ...

Auf dem Markt

At the market

Bitte sehr?	*Can I help you?*
Haben Sie … ?	*Do you have any … ?*
Äpfel	*apples*
Bananen	*bananas*
Birnen	*pears*
Champignons	*mushrooms*
Erdbeeren	*strawberries*
Karotten	*carrots*
Kartoffeln	*potatoes*
Kirschen	*cherries*
Orangen	*oranges*
Tomaten	*tomatoes*
Trauben	*grapes*
Zwiebeln	*onions*
Ich hätte gern fünfzig Gramm (Kirschen), bitte.	*I'd like 50 g of (cherries), please.*
hundert Gramm	*100 g*
zweihundert Gramm	*200 g*
zweihundertfünfzig Gramm	*250 g*
fünfhundert Gramm	*500 g*
siebenhundertfünfzig Gramm	*750 g*
ein Kilo	*1 kg*
zwei Kilo	*2 kg*
Sonst noch etwas?	*Anything else?*
Das ist alles.	*That's all.*
Das macht (neun) Euro (fünfzig), bitte.	*That will be (nine) euros (fifty), please.*

Im Café

In the café

Was möchtest du … ?	*What would you like … ?*
als Vorspeise	*as a starter*
als Hauptgericht	*as a main course*
als Nachtisch	*as dessert*
Was möchtest du trinken?	*What would you like to drink?*
Ich möchte …	*I'd like …*
den Eintopf.	*the stew.*
den Fisch.	*the fish.*
den Salat.	*the salad.*
die Wurstplatte.	*the plate of cold meats.*
die Tomatensuppe.	*the tomato soup.*
die Torte.	*the cake / gateau.*
das Eis.	*the ice-cream.*
das Hähnchen.	*the chicken.*
das Steak.	*the steak.*
einen Milchshake.	*a milkshake.*
eine Limo.	*a lemonade.*
ein Mineralwasser.	*a mineral water.*
Nichts, danke.	*Nothing, thanks.*

Was hast du gegessen / getrunken?

What did you have to eat / drink?

Ich habe (den Eintopf) gegessen.	*I had (the stew).*
Ich habe (eine Cola) getrunken.	*I drank (a cola).*
Er / Sie hat (den Salat) gegessen.	*He / She had (the salad).*
Er / Sie hat (eine Limo) getrunken.	*He / She drank (a lemonade).*
Das war lecker!	*It was delicious!*
Wir haben (das Hähnchen) gegessen.	*We ate (the chicken).*
Wir haben (einen Milchshake) getrunken.	*We drank (a milkshake).*
Das hat gut geschmeckt.	*It tasted good.*

Wo kauft man das?

Where do you buy that?

Wo kauft man (Brot)?	*Where do you buy (bread)?*
Bücher	*books*
CDs	*CDs*
Computerspiele	*computer games*
Kleidung	*clothes*
Kuchen	*cake*
Make-up	*make-up*
Sportschuhe	*trainers*
Würste	*sausages*
(Brot) kauft man …	*You buy (bread) …*
(in der Bäckerei).	*(in the bakery).*
im Modegeschäft.	*in the clothes shop.*
im Musikladen.	*in the music shop.*
im Sportgeschäft.	*in the sports shop.*

im Kaufhaus.	in the department store.
in der Buchhandlung.	in the bookshop.
in der Drogerie.	in the drugstore.
in der Konditorei.	in the cake shop.
in der Metzgerei.	at the butcher's.
Wo kaufst du ein?	Where do you shop?
Ich kaufe (im Kaufhaus) ein.	I shop (in the department store.)
Was kaufst du dort?	What do you buy there?
Ich kaufe dort (CDs).	I buy (CDs) there.

Wie viel Taschengeld bekommst du? — How much pocket money do you get?

Ich bekomme (fünf Pfund) pro Woche.	I get (five pounds) a week.
Ich bekomme (zwanzig Pfund) pro Monat.	I get (twenty pounds) a month.
Was kaufst du?	What do you buy?
Ich kaufe …	I buy …
Bücher.	books.
Computerspiele.	computer games.
Kleidung.	clothes.
Make-up.	make-up.
Schmuck.	jewellery.
Zeitschriften.	magazines.
Ich gehe ins Kino.	I go to the cinema.
Ich gehe ins Sportzentrum.	I go to the sports centre.
Worauf sparst du?	What are you saving for?
Ich spare auf …	I'm saving for …
einen Computer.	a computer.
einen Musik-Player.	an mp3 player.
ein Handy.	a mobile phone.
ein Mountainbike.	a mountain bike.
Ich habe (zehn Pfund) bekommen.	I got (ten pounds).
Ich habe (Make-up) gekauft.	I bought (make-up).
Das hat (fünf Pfund) gekostet.	That cost (five pounds).

Wie viel Geld verdienst du? — How much money do you earn?

Ich verdiene (zehn Pfund) pro (Woche).	I earn (£10) a (week).
Ich verdiene kein Geld.	I don't earn any money.
Ich helfe zu Hause.	I help at home.
Ich trage Zeitungen aus.	I do a newspaper round.
Ich arbeite im Garten.	I work in the garden.
Ich mache Babysitting.	I do babysitting.

Einkaufsbummel — Shopping trip

Er / Sie ist … gegangen.	He / She went …
in den Computerladen	to the computer shop.
ins Kaufhaus	to the department store.
in den Markt	to the market.
ins Modegeschäft	to the clothes shop.
ins Sportgeschäft	to the sports shop.
in die Buchhandlung	to the bookshop.
um (CDs) zu kaufen	in order to buy (CDs)
Er / Sie hat … gekauft.	He / She bought …
einen Musik-Player	an mp3 player.
eine Jacke	a jacket.
ein Skateboard	a skateboard.
Schmuck	jewellery.

Strategie 2

Take the work out of it

When you're learning lots of new words in German, take the work out of it! Divide your list of new words into the ones that are no trouble, and the ones that will be harder.

Cognates like *Tomaten* or *Bananen* are easy. For these, try to remember differences between the German and the English. Put the German word into an English sentence to see how funny it sounds and to help you remember it:

*Hello. I'd like 5 kilos of **Tomaten** please.*

Now for the harder ones. First look at the German and try to remember the English. Test yourself on that a few times. After you've done that, see how much you can remember, looking at the English only.

3 Nach der Schule

1 Siehst du gern Krimis?

Talking about different types of TV programme
Saying what you like or prefer using **gern**, **lieber** and **am liebsten**

hören **1**

Hör zu. Welche Sendung ist das? (1–10)
*Beispiel: **1** d*

a der Film(-e)

b der Dokumentarfilm(-e)

der Zeichentrickfilm(-e)

c

d der Krimi(-s)

e die Kindersendung(-en)

f die Musiksendung(-en)

g die Quizsendung(-en)

h die Sportsendung(-en)

i die Tiersendung(-en)

j die Seifenoper(-n)

k die Komödie(-n)

l die Nachrichten *(pl)*

hören **2**

Hör zu und lies. Schreib die Tabelle ab und füll sie aus. (1–3)

1 *Ich sehe nicht so gern die Nachrichten. Ich sehe lieber Zeichentrickfilme. Am liebsten sehe ich Komödien!*

2 *Ich sehe nicht so gern Kindersendungen. Ich sehe lieber Sportsendungen. Am liebsten sehe ich Quizsendungen!*

3 *Ich sehe nicht so gern Dokumentarfilme. Ich sehe lieber Tiersendungen. Am liebsten sehe ich Krimis – sie sind fantastisch!*

	✗	♥	♥♥
1	l		

sprechen **3**

Mach eine Umfrage über Sendungen. Schreib die Antworten auf.

■ Was siehst du nicht so gern?
● Ich sehe nicht so gern …
■ Was siehst du lieber?
● Ich sehe lieber …
■ Und am liebsten?
● Am liebsten sehe ich …

🎯 ECHO·Detektiv

Ich sehe **gern** …	I **like** watching …
Ich sehe **nicht so gern** …	I **don't really like** watching …
Ich sehe **lieber** …	I **prefer** watching…
Am liebsten sehe ich …	**Most of all, I like** watching …

Lern weiter ➡ 10, Seite 128

4

Schreib Sätze von Aufgabe 3.

Beispiel: Ben sieht nicht so gern ...
Er sieht lieber ...
Am liebsten sieht er ...

Ich sehe Er / Sie sieht	nicht so gern	die Nachrichten / Dokumentarfilme / Krimis / Komödien / Sportsendungen / Filme / Seifenopern / Tiersendungen / Zeichentrickfilme / Musiksendungen / Kindersendungen.
Ich sehe Er / Sie sieht	lieber	
Am liebsten	sehe ich sieht er / sie	
Sie sind	fantastisch / lustig / interessant / süß / langweilig / doof / toll.	

hören **5**

Hör zu. Was sehen sie? Wie finden sie die Sendungen? (1–5)

Listen. What do they watch?
What do they think of it?

Beispiel: **1** *Animal programmes – sweet*
The news …

lesen **6**

Lies den Text und beantworte die Fragen auf Deutsch.

1 Wie lange sieht Stefan nach der Schule fern?
2 Was sind Stefans Lieblingssendungen?
3 Was findet er nicht so interessant?
4 Wer sieht mehr fern – Stefan oder Alex?
5 Was sieht Alex am liebsten?
6 Was sieht Alex nicht so gern und warum?
7 Was für eine Sendung findet Alex toll?

Stefan   Alex

Junge Leute in Deutschland sehen sehr viel fern. Oft sagen die Eltern, sie sehen *zu viel* fern. Wir haben gefragt: wie viele Stunden am Tag sehen Stefan und Alex fern und was sehen sie am liebsten?

Stefan sieht jeden Tag fern, drei Stunden am Nachmittag nach der Schule. Er sieht am liebsten Sportsendungen über Fußball und Basketball. Am Samstag sieht er manchmal „Die Sportschau", sie kommt um 19 Uhr. Und was sieht er nicht so gern? Dokumentarfilme findet er ein bisschen langweilig, aber Komödien findet er lustig. Er sieht immer die „Comedy Arena", wenn er Zeit hat.

Stefans Freundin Alex sieht nicht so viel fern – nur ein oder zwei Stunden nach der Schule. Sie findet Musik interessant und hört lieber die Musiksendungen im Radio. Alex sieht am liebsten Tiersendungen. Sie ist ein Tierfan und findet alle Tiere sehr süß! Sie sieht auch manchmal mit ihrer Schwester einen Science-Fiction-Film. Zeichentrickfilme findet sie langweilig, das ist etwas für kleine Kinder. Jeden Mittwochabend kommt die Seifenoper „Gute Zeiten, schlechte Zeiten", die findet sie toll.

schreiben **7**

Schreib einen Text über dich und deinen Partner von Aufgabe 4.

Beispiel: Ich sehe oft fern – drei Stunden nach der Schule. Am liebsten sehe ich ... Ben sieht auch oft fern ...

Ich sehe ... fern.
Ich sehe nicht so gern ..., aber ...
Ich sehe lieber ...
Am liebsten sehe ich ...
Das ist am ... um ... Uhr.
Das ist ein(e) ...
Ich finde die Sendung ... und auch ...
Ich sehe auch gern ...

2 Sie schicken SMS
Using the 12-hour clock
Saying what you and your friends do after school, using *sie* (they)

  1 Hör zu und wiederhole.

Wie viel Uhr ist es?

Wie spät ist es?

Es ist ... Uhr.

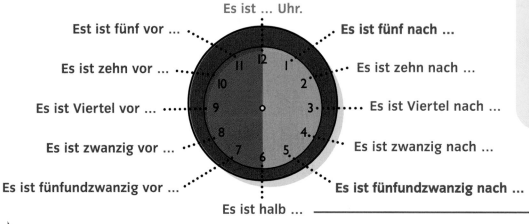

Est ist fünf vor ...

Es ist zehn vor ...

Es ist Viertel vor ...

Es ist zwanzig vor ...

Es ist fünfundzwanzig vor ...

Es ist halb ...

Es ist fünf nach ...

Es ist zehn nach ...

Es ist Viertel nach ...

Es ist zwanzig nach ...

Es ist fünfundzwanzig nach ...

> **Telling the time**
> In German you say it is half **to** the hour, not half past.
> Es ist **halb acht**. = *It is half past seven (half to eight).*

  2 Hör zu und schreib die Uhrzeit auf. (1–8) *Listen and write the time.*
Beispiel: 1 5.10 Uhr

3 **Was passt zusammen?**
Beispiel: a Ich mache meine Hausaufgaben.

> Ich besuche meine Freunde.   Ich mache meine Hausaufgaben.
> Ich gehe einkaufen.   Ich surfe im Internet.
> Ich gehe ins Sportzentrum.   Ich schicke SMS.
> Ich helfe zu Hause.   Ich übe Klavier.

  4 Hör zu. Was macht Andrea? Wann macht sie das?
Beispiel: g 2.30, ...

sprechen 5 Partnerarbeit. Sätze mit Uhrzeiten.

- ■ Was machst du nach der Schule?
- ● Also, ich (besuche um zehn nach drei meine Freunde).
- ▲ Das ist (c).

a    b    c    d    e

hören 6 Lies die Gedichte. Kannst du die Lücken füllen? Hör zu und überprüfe es.
Read the poems. Can you guess what the missing words are? Listen to check.

Adding information to sentences
Remember to put adverbs of frequency and clock times just after the verb!

Ich besuche **um drei Uhr** meine Freunde.
Sie schicken **immer** SMS.

Schwestern!

Sie schicken immer SMS,
Sie üben oft _____ ,
Sie gehen manchmal in die Stadt,
Sie spielen nie mit mir …

Sie kaufen immer Make-up,
Sie hören oft _____ ,
Sie sprechen über Jungen.
Schrecklich, finde ich!

Brüder!

Sie fahren immer Skateboard,
Sie sehen zu oft _____ ,
Sie sprechen über Fußball,
Sie waschen sich nicht gern!

Sie helfen nie zu Hause,
Sie spielen laut Musik,
Sie gehen manchmal angeln.
Schrecklich, finde _____ !

schreiben 7 Wie sagt man das auf Deutsch? Adaptiere die Sätze vom Gedicht.
Beispiel: 1 Sie kaufen manchmal Make-up.

1 They sometimes buy make up.
2 They never play music.
3 They go into town at five o'clock.
4 They watch TV at half past five.
5 They often send text messages.
6 They always talk about boys.

ECHO·Detektiv

sie = they
sie, meaning 'they', has the same verb ending as **wir** (it's the same as the infinitive):

Sie spiel**en** Tennis. = *They play tennis.*
Sie surf**en** im Internet. = *They surf the Internet.*
Sie seh**en** fern. = *They watch TV.*

Lern weiter ➡ 6.2, Seite 117

schreiben 8 Schreib ein Gedicht über Freunde.

Sie … immer … . Sie … oft … .
Sie … manchmal … . Sie … nie … .

3 Skater!

Understanding an interview with a young sportsperson
Using *müssen* with an infinitive

SPORTMAGAZIN INTERVIEWT: INGO STRASSER

a) Ingo, was machst du?
Ich bin Skater. Ich wohne mit meiner Familie hier in Hamburg – hier gibt es viele Skater. Skateboard fahren ist fantastisch! Mit elf Jahren war ich der beste Skater in meiner Schule. Ich bin jetzt siebzehn Jahre alt. Ich muss noch zur Schule gehen, aber ich möchte in zwei Jahren Profi-Skater werden.

b) Wie ist die Trainingsroutine?
Es ist manchmal schwierig. Ich muss jeden Tag trainieren. Ich muss jeden Tag nach der Schule von zwei Uhr bis vier Uhr üben.

Abends muss ich auch trainieren. Nächste Woche muss ich zu einer Skateshow fahren.

c) Was brauchst du zum Skaten?
Ich brauche ein gutes Skateboard! Was noch? Ich muss einen Helm tragen. Morgen kaufe ich einen neuen Helm. Ich muss auch Schützer für meine Knie und Ellenbogen tragen. Skateboard fahren ist gefährlich.

d) Ist Skateboard fahren schwierig?
Ja, die Tricks und Sprünge sind

schwierig! Ich muss sehr fit sein. Meine Lieblingstricks sind Sliden und Grinden. Ich mag auch Heelflips und Kickflips. Ich bin impulsiv und ehrgeizig – das ist gut im Sport. In drei Jahren möchte ich die Nummer 1 in Deutschland sein.

e) Warum skatest du?
Es macht Spaß! Ich habe beim Skaten viele neue Freunde gefunden!

Danke, Ingo.

---

werden = *become*
üben = *practise*
brauchst = *(you) need*
Schützer = *pads*
gefährlich = *dangerous*
Es macht Spaß = *It's fun*

---

hören 1 Hör zu und lies. Welcher Absatz ist das?
Beispiel: 1 b
1 Ingo's training routine
2 his favourite tricks
3 his ambition *(2 paragraphs)*
4 why he does it
5 the equipment he needs

lesen 2 Schreib die Info-Karte ab und füll sie aus.

lesen 3 Finde diese Wörter im Interview.
Beispiel: 1 Profi-Skater
1 professional skater
2 to train *(infinitive)*
3 skateboarding show
4 helmet
5 elbows
6 favourite tricks
7 impulsive and ambitious

Info-Karte

Name: Ingo Strasser
Alter:
Wohnort:
Charakter:
Hobby:
Er braucht: ein Skateboard, ...
Lieblingstricks:
Meinung: es macht Spaß, ...

schreiben 4

Was muss Ingo machen? Schreib Sätze.
Beispiel: Er muss jeden Tag trainieren.

Er muss

jeden Tag	sein.
zwischen zwei und vier Uhr	trainieren.
einen Helm	tragen.
zu einer Skateshow	fahren.
sehr fit	üben.

 ECHO·Detektiv

müssen = *must*

ich muss
er / sie muss

This is a modal verb. Use it with an infinitive, which goes at the end of the sentence:

Ich muss jeden Tag **trainieren**.

Lern weiter ➡ **6.5, Seite 119**

lesen 5

Lies den Text nochmal. Gegenwart order Zukunft (G oder Z)?
Read the text again. Present or future?
Beispiel: 1 G

1 Ingo ist siebzehn Jahre alt.
2 Er möchte Profi-Skater werden.
3 Er muss von zwei Uhr bis vier Uhr üben.
4 Er muss zu einer Skateshow fahren.
5 Er möchte die Nummer 1 in Deutschland sein.
6 Er kauft einen neuen Helm.

Time expressions help to show if a sentence is about the present or the future.
Present
| jeden Tag | *every day* |
| jetzt | *now* |
Future
morgen	*tomorrow*
nächste Woche	*next week*
nächstes Jahr	*next year*
in zwei Jahren	*in two years*

sprechen 6

Partnerarbeit: Stell Fragen über Ingo und beantworte sie.

Wie alt ist Ingo?   *Wo wohnt er?*

Wie oft muss er trainieren?

Was macht er nächste Woche?

Was braucht er zum Skaten?

Was sind seine Lieblingstricks?   *Wie ist er?*

Wie findet er Skateboard fahren?

schreiben 7

Schreib einen Absatz über Ingo.
Beispiel: Ingo Strasser ist Skater und er wohnt in Hamburg. Er ...

✓ **Mini-Test •** Check that you can

① Say which types of TV programme you like, using *gern, lieber, am liebsten*
② Ask someone what they like watching
③ Use and understand the 12–hour clock
④ Say what you do after school
⑤ Talk about what your friends do, using *sie*
⑥ Say three things that you have to do, using *ich muss*

4 Ausflug in den Schwarzwald

Talking about an after-school trip
Word order: time, manner, place

Hör zu. Ordne die Bilder.
Beispiel: f, ...

Schreib Untertitel für die Bilder aus Aufgabe 1.
*Beispiel: **a** Wir haben im Bus Musik gehört.*

> Wir sind
> Wir haben

> in den Schwarzwald
> mit dem Bus
> im Bus SMS / Chips / Bücher / Musik

> gelesen
> geschickt
> gegessen
> gefahren
> gehört

Lies den Text und ordne die Bilder.
Beispiel: 7, ...

1
2
3
4
5
6
7
8

Wir sind nach der Schule mit dem Bus in den Schwarzwald gefahren. Wir haben im Bus gelesen. Wir haben auch SMS geschickt. Wir haben Brötchen gegessen und Limo getrunken. Die Reise war nicht zu lang — nur eine Stunde. Der Nachmittag im Schwarzwald war toll! Wir sind wandern gegangen. Wir sind um halb vier mit der Gruppe in einem See schwimmen gegangen. Wir haben in einem Café Schwarzwälder Kirschtorte gegessen — hmm, das war lecker! Carolin und ich haben auch eine Mountainbiketour gemacht. Das war prima!
Wir sind um Viertel nach sechs mit dem Bus nach Hause gefahren. Wir haben im Bus geschlafen. Wir waren sehr müde!

Thomas

eine Stunde = *one hour*

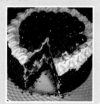
lesen 4

Finde das in den Texten.

Beispiel: 1 Wir sind wandern gegangen.

1 We went hiking.
2 We slept in the bus.
3 We ate Black Forest gateau.
4 We went swimming at half past three.
5 We drank lemonade.
6 We read in the bus.

Schwarzwälder Kirschtorte
Black Forest gateau is a chocolate cake *(Torte)* with cherries *(Kirschen)* soaked in liqueur, and plenty of cream on top. Have you tried it?

hören 5

Hör zu. (1–3) Schreib die Tabelle ab und füll sie aus.

	Wann?	Wie?	Wohin?	Die Reise
1	Mittwoch	Zug	Wasserpark	Musik gehört …

Bus   Zug
Straßenbahn
Schloss   Museum
Wasserpark

sprechen 6

Schreib ein Paar Sätze über einen Ausflug nach London.
Diktier deine Sätze deinem Partner / deiner Partnerin.
Write a few sentences about a trip to London. Dictate them to your partner.

■ Wir sind am Samstag mit dem Zug nach London gefahren.
● *(Listens and writes it down.)*

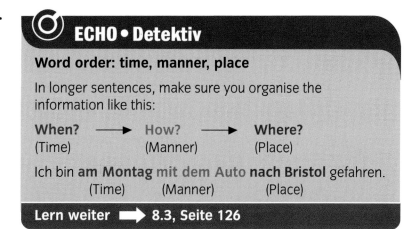

	am Samstag	mit Jessica	nach London
	am Vormittag	mit dem Zug	bei McDonalds	gegangen.
Wir haben	um ein Uhr	mit dem Bus	einkaufen	gefahren.
Wir sind	am Nachmittag	mit der Gruppe	eine Stadttour	gegessen.
	um fünf Uhr	mit der U-Bahn	zum Bahnhof	gemacht.
	am Abend	mit dem Zug	nach Hause	

schreiben 7

Ausflug nach New York.
Adaptiere den Text aus Aufgabe 3.

Think about a trip to New York. How did you travel? How long did it take? What did you do in the plane and in New York itself? Can you say all of these things in German or is there anything you need to look up in the dictionary?

ECHO • Detektiv

Word order: time, manner, place

In longer sentences, make sure you organise the information like this:

When? ⟶ **How?** ⟶ **Where?**
(Time)   (Manner)   (Place)

Ich bin **am Montag mit dem Auto nach Bristol** gefahren.
         (Time)   (Manner)   (Place)

Lern weiter ➡ 8.3, Seite 126

1 Hör zu. Finde die richtige Antwort.

> Polizei? Hilfe!

> Ich bin der Polizeichef, Inspektor Diebfänger.

1 Die Frau heißt …

   a Leberschneider   **b** Leserbeider   **c** Leiderseider.

2 Sie wohnt in der …

   a Schottlandstraße   **b** Hollandstraße   **c** Englandstraße.

3 Die Ohrringe waren …

   a auf dem Dachboden **b** im Schlafzimmer **c** im Wohnzimmer.

4 Die Ohrringe sind …

   a aus Silber   **b** aus Gold   **c** mit Diamanten.

 **2** Hör zu und lies. Schreib die Tabelle ab und füll sie aus.

Name	Wann?	Wo?	Details

Ralf Reichmann, 68
Am Freitagnachmittag? Nein, ich war nicht in der Englandstraße. Ich war zwischen 14:00 und 16:00 Uhr zu Hause. Ich habe einen Film auf DVD gesehen (einen tollen Krimi). Ich habe sechs Flaschen Bier getrunken und vier Tüten Chips gegessen. Ich esse sehr gern Chips! Ich habe auch zwanzig Minuten geschlafen.

Ursula Unehrlich, 42
Also nein, ich war natürlich nicht am Freitagnachmittag in der Englandstraße. Ich bin um 15:00 Uhr in die Stadt gegangen. Ich habe meine Freundin Erika getroffen. Wir haben zusammen eine Tasse Kaffee getrunken. Ich habe in der Bäckerei auch eine schöne Erdbeertorte gekauft. Ich bin um 17:30 Uhr nach Hause gekommen.

Wilhelm Wunderkind, 19
Tja, ich war am Freitagnachmittag nicht in der Nähe der Englandstraße. Ich bin um 14:00 Uhr mit dem Auto nach Pforzheim gefahren. Das ist dreißig Minuten von hier. Ich habe dort meine Großmutter besucht. Sie ist alt und vergesslich. Um 16:00 Uhr bin ich nach Hause gefahren.

sprechen 3 Lies die Fragen unten und mach Notizen für Ralf, Ursula and Wilhelm.

> **1** Ralf, was hast du am Freitagnachmittag gegessen?

> **3** Ursula, wann bist du in die Stadt gegangen?

> **5** Wilhelm, wie bist du nach Pforzheim gefahren?

> **2** Ralf, wie lange hast du am Freitagnachmittag geschlafen?

> **4** Ursula, was hast du am Freitagnachmittag gekauft?

> **6** Wilhelm, was hast du in Pforzheim gemacht?

sprechen 4 Partnerarbeit: beantworte die Fragen oben.

■ Ralf, was hast du am Freitagnachmittag gegessen?

● (*Checks notes*) Ich habe … gegessen.

lesen 5 Ralf, Ursula oder Wilhelm?

1 Wer hat eine Freundin getroffen?
2 Wer hat seine Oma besucht?
3 Wer hat eine Torte gekauft?
4 Wer hat Bier getrunken?
5 Wer ist um vier Uhr nach Hause gefahren?
6 Wer hat einen Krimi gesehen?

> ◎ **ECHO·Detektiv**
>
> **Changing from *ich* to *er / sie* in the perfect tense**
>
> | | |
> |---|---|
> | ich habe | gekauft / gemacht / |
> | **er / sie hat** | gegessen / geschlafen |
> | ich bin | gegangen / gefahren |
> | **er / sie ist** | |

schreiben 6 Füll die Lücken im Bericht aus. Wer hat das beste Alibi?

Fill in the gaps in the report. Who has the best alibi?

*Beispiel: Ralf Reichman **hat** einen Film auf DVD **gesehen**. Er **hat** …*

a Ralf Reichmann __1__ einen Film auf DVD __2__ . Er __3__ sechs Flaschen Bier __4__ . Er __5__ vier Tüten Chips __6__ . Er __7__ zwanzig Minuten __8__ .

b Ursula Unehrlich __9__ in die Stadt __10__ . Sie __11__ eine Freundin __12__ . Sie __13__ eine Erdbeertorte __14__ .

c Wilhelm Wunderkind __15__ mit dem Auto nach Pforzheim __16__ . Er __17__ seine Großmutter __18__ . Er __19__ um 16:00 Uhr nach Hause __20__ .

schreiben 7 Um wie viel Uhr war der Dieb im Haus? Lös die Anagramme.

Solve the anagrams to find out when the theft took place.

schiznew riev nüff hur nud

schreiben 8 Was sagt Inspektor Diebfänger? *Write out this final clue.*

PIQRQHQAQBQEQNQZQWQEQIQTQÜQTQEQNQCQHQIQPQSQIQMQSQCQHQLQAQFQZQIQMQMQEQRQGQEQSQEQHQEQN

schreiben 9 Wer ist der Dieb?

Lernzieltest

Check that you can:

1
- List six types of TV programme — *Kindersendung, Tiersendung, …*
- Say which types of TV programmes you like and dislike, using *nicht so gern* and *lieber* — *Ich sehe nicht so gern Seifenopern. Ich sehe lieber Sportsendungen.*
- Say what you like watching most of all, using *am liebsten* — *Am liebsten sehe ich Zeichentrickfilme.*

2
- Say the time using the 12-hour clock — *Es ist halb zwei. Es ist Viertel nach sieben.*
- List four things you do after school — *Ich mache meine Hausaufgaben. Ich schicke SMS.*
- Say what your friends do, using *sie* — *Sie helfen zu Hause, sie gehen einkaufen.*

3
- Ask questions about a sportsperson using the question words *Wie? Wo?* and *Was?* — *Wie alt ist er? Wo wohnt sie? Was braucht er?*
- Understand sentences referring to the future — *Morgen kaufe ich einen neuen Helm.*
- Use *muss* with an infinitive to talk about things you have to do — *Ich muss zur Schule gehen. Er muss jeden Tag trainieren.*

4
- Talk about what you did on a journey — *Wir sind mit dem Bus gefahren. Wir haben im Bus gelesen.*
- Organise your sentences using the 'time, manner, place' rule — *Ich bin am Samstag mit dem Bus nach London gefahren.*

5
- Understand sentences in the past — *Am Freitag bin ich in die Stadt gegangen.*
- Use verbs in the perfect tense with *ich* and *er / sie* — *Ich habe Chips gegessen. Sie ist in die Stadt gegangen.*

Wiederholung

Hör zu. (1–6) Schreib die Tabelle ab und füll sie aus.

	Likes	Why?	Doesn't like	Why?
1	Animal progs	great		

Partnerarbeit.

- ■ Was machst du nach der Schule?
- ● Ich (mache) um (halb fünf) (meine Hausaufgaben).

Richtig (R), falsch (F) oder nicht im Text (N)?

Die Schule endet um 13:30 Uhr. Nach der Schule mache ich immer meine Hausaufgaben. Dann schicke ich am liebsten SMS und manchmal gehe ich einkaufen. Gestern bin ich mit Katja einkaufen gegangen. Wir sind mit dem Bus in die Stadt gefahren. Ich habe ein T-Shirt und Ohrringe gekauft. Sie sind toll! Dann sind wir in ein Café gegangen. Katja hat Kaffee getrunken, aber ich trinke lieber Saft. Wir sind um 17:00 Uhr nach Hause gefahren. Morgen gehe ich auch einkaufen – im Supermarkt mit meiner Mutter.

Fairuza

1 Die Schule endet um halb zwei.
2 Fairuza macht nie ihre Hausaufgaben.
3 Gestern ist sie um vier Uhr mit dem Bus in die Stadt gefahren.
4 Fairuza hat ein tolles T-Shirt gekauft.
5 Katja trinkt lieber Saft.
6 Morgen geht sie zum Supermarkt.

Beantworte die Fragen.
1 Was siehst du lieber – Dokumentarfilme oder Zeichentrickfilme?
2 Was siehst du am liebsten?
3 Was musst du nach der Schule machen?
4 Was machen deine Freunde nach der Schule?
5 Was hast du gestern Abend gegessen?
6 Was machst du morgen nach der Schule?

1 Füll die Lücken in den Schlagzeilen. Hör zu und überprüfe es.
Fill the gaps in these news headlines. Listen to check.

1

Jutta Jarlsberg besucht ___

2 ___ zu verkaufen

3 Schlechtes ___ in der Schweiz

4 Zu viel Werbung im ___

Fernsehen

Hausaufgaben

Deutschland

Wetter

Werbung = *advertising*

 2 Hör dem Radiobericht zu. A, b oder c?

1 Schüler besuchen diese Webseiten weil sie …

   a nicht gern Hausaufgaben machen.   **b** nicht intelligent sind.   **c** zu viel Geld haben.

2 Die Webseiten haben oft …

   a 30 000   **b** 40 000   **c** 50 000

… Seiten Material zum Downloaden.

3 Eine Matheaufgabe kann …

   a 10 Euro   **b** 20 Euro   **c** 30 Euro

… kosten.

4 Letztes Jahr haben …

   a hunderte   **b** tausende   **c** zehntausende

… Schüler und Schülerinnen diese Seiten besucht.

5 Nächstes Jahr müssen Lehrer und Eltern streng sein, um …

   a Geld zu sparen.   **b** den Kindern zu helfen.   **c** das Problem zu reduzieren.

reduzieren = *to reduce*

lesen 3

Lies den Zeitungsbericht. Welcher Absatz ist das?
Beispiel: 1 b

1  2  3  4  5

Von Hollywood nach Hamburg
Jutta Jarlsberg kommt nach Hause

ⓐ Der deutsche Filmstar Jutta Jarlsberg wohnt seit acht Jahren in Hollywood, aber diese Woche ist sie hier in Hamburg. Am Montag ist sie nach Deutschland gekommen.

ⓑ Am Dienstag ist sie zu einer Pressekonferenz gegangen. Mehr als fünfzig Journalisten haben Fragen gestellt und Fotos gemacht. Hunderte von Fans waren auf der Straße vor dem Hotel. „Ich liebe Deutschland – meine deutschen Fans sind so toll", hat Jutta gesagt.

ⓒ Heute, am Mittwoch, besucht sie ihre Eltern. Herr und Frau Jarlsberg haben Jutta seit Jahren nicht gesehen. „Wir sehen sie nur im Kino!", hat die Mutter uns gesagt. Jutta möchte auch einkaufen gehen, um deutsche Spezialitäten zu kaufen.

ⓓ Morgen geht Jutta zur Weltpremiere von ihrem neuen Film *Die vier Jahreszeiten*. Am Freitag, an ihrem letzten Tag in Deutschland, sehen wir Jutta im Fernsehen – in der populären Sendung *Starshow*. Dann fährt sie wieder nach Amerika. Sie beginnt dort den nächsten Film.

lesen 4

Lies den Bericht noch mal. Beantworte die Fragen.
1 How long has Jutta Jarlsberg lived in Hollywood?
2 How many journalists attended the press conference?
3 Why does Jutta love Germany?
4 What did her mother say?
5 Why does Jutta want to go shopping?
6 What will she be doing when she returns to America?

sprechen 5

Partnerarbeit. Halte einen Vortrag über Jutta Jarlsberg.
Die Fragen unten helfen dir.
Give a talk about Jutta Jarlsberg. The questions below will help you.

Wo wohnt Jutta?

Wo ist sie diese Woche?

Was hat sie am Dienstag gemacht?

Was möchte sie in Hamburg machen?

Was sind ihre Pläne für die nächsten Tage?

Wann fährt sie nach Hause?

schreiben 6

Ein Filmstar besucht deine Stadt: Schreib einen Zeitungsbericht.
A film star visits your town. Write a newspaper report.

3 Wörter

Fernsehsendungen — *TV programmes*

der Film(-e) — *film*
der Dokumentarfilm(-e) — *documentary*
der Zeichentrickfilm(-e) — *cartoon*
der Krimi(-s) — *detective story*
die Kindersendung(-en) — *children's programme*
die Musiksendung(-en) — *music programme*
die Quizsendung(-en) — *quiz*
die Sportsendung(-en) — *sports programme*
die Tiersendung(-en) — *animal programme*
die Komödie(-n) — *comedy*
die Seifenoper(-n) — *soap opera*
die Nachrichten — *the news*
Siehst du gern (Filme)? — *Do you like watching (films)?*
Ja, ich sehe gern (Filme). — *Yes, I like watching films.*
Nein, ich sehe nicht so gern (Filme). — *No, I don't really like watching (films).*
Ich sehe lieber (Seifenopern). — *I prefer watching (soaps).*
Am liebsten sehe ich (Krimis). — *Most of all I like watching (detective stories).*
Was ist deine Lieblingssendung? — *What is your favourite programme?*

Die Uhrzeit — *The time*

Wie viel Uhr ist es? — *What time is it?*
Wie spät ist es? — *What time is it?*
Es ist zwei Uhr. — *It's two o'clock.*
Es ist Viertel vor zwei. — *It's quarter to two.*
Es ist zehn vor zwei. — *It's ten to two.*
Es ist Viertel nach zwei. — *It's quarter past two.*
Es ist zwanzig nach zwei. — *It's twenty past two.*
Es ist halb drei. — *It's half past two.*

Was machst du nach der Schule? — *What do you do after school?*

Ich besuche meine Freunde. — *I visit my friends.*
Ich gehe einkaufen. — *I go shopping.*
Ich gehe ins Sportzentrum. — *I go to the sports centre.*
Ich helfe zu Hause. — *I help at home.*
Ich mache meine Hausaufgaben. — *I do my homework.*
Ich surfe im Internet. — *I surf the Internet.*
Ich schicke SMS. — *I send text messages.*
Ich übe Klavier. — *I practise the piano.*
Sie sehen fern. — *They watch TV.*
Sie spielen Fußball. — *They play football.*
Sie gehen angeln. — *They go fishing.*
Sie kaufen Make-up. — *They buy make-up.*
Sie fahren Skateboard. — *They go skateboarding.*
Sie helfen zu Hause. — *They help at home.*
immer — *always*
oft — *often*
manchmal — *sometimes*
nie — *never*

Skater — *Skateboarders*

Wo wohnt er? — *Where does he live?*
Er wohnt in … — *He lives in …*
Wie alt ist er? — *How old is he?*
Er ist (siebzehn) Jahre alt. — *He is (17).*
müssen — *must*
Wie oft muss er trainieren? — *How often does he have to train?*
Er muss jeden Tag trainieren. — *He has to train every day.*
Was macht er am Wochenende? — *What does he do at the weekend?*
Am Wochenende muss er zu einer Skateshow fahren. — *At the weekend he has to go to a skateboarding show.*
Was braucht er zum Skaten? — *What does he need for skateboarding?*
Er braucht ein gutes Skateboard. — *He needs a good skateboard.*
Was sind seine Lieblingstricks? — *What are his favourite tricks?*
Seine Lieblingstricks sind Sliden und Grinden. — *His favourite tricks are sliding and grinding.*

Wie ist er?	*What is he like?*
Er ist impulsiv und ehrgeizig.	*He's impulsive and ambitious.*
Ich / Er muss …	*I / He must …*
trainieren.	*train.*
einen Helm tragen.	*wear a helmet.*
zu Skateshows fahren.	*go to skating shows.*
sehr fit sein.	*be very fit.*
jeden Tag	*every day*
jetzt	*now*
morgen	*tomorrow*
nächste Woche	*next week*
nächstes Jahr	*next year*
in zwei Jahren	*in two years*

Ein Ausflug | ### *A trip*

Wir haben im Bus …	*On the bus we …*
Musik gehört.	*listened to music.*
Bücher gelesen.	*read books.*
SMS geschickt.	*sent text messages.*
geschlafen.	*slept.*
Schwarzwälder Kirschtorte gegessen.	*ate Black Forest gateau.*
Chips gegessen.	*ate crisps.*
Limo getrunken.	*drank lemonade.*
Wir sind …	*We …*
mit dem Zug gefahren.	*travelled by train.*
mit dem Bus gefahren.	*travelled by bus.*
schwimmen gegangen.	*went swimming.*
wandern gegangen.	*went hiking.*
nach Hause gefahren.	*went home.*

Strategie 3

False friends – trouble words!

There are lots of little words in German which mean different things at the beginning of questions: *Was?* (What?), *Wo?* (Where?), *Wann?* (When?), *Wie?* (How?), *Wer?* (Who?). Some are particularly annoying because they look like a word they **don't** mean. These are false friends. For example, *Wer?* looks like 'Where?' but it means 'Who'! You need to spend extra time learning these words. Start a list of trouble words in your book. You could also try to think of a little rhyme to help you with them.

Wer means 'who': Wer bist du?
Wo means 'where': Wo ist der Herr?
Wie means 'how': Wie geht's, Frau Grau?

4 Gesundheit!

1 Der Körper

Naming the parts of the body
Using possessive adjectives

hören 1

Hör zu. Was passt zusammen? (1–19)
Beispiel: **1** d

a der Kopf(¨e)
b die Schulter(-)
c das Ohr(-en)
d der Arm(-e)
e die Hand(¨e)
s das Auge(-n)
r die Nase(-n)
q der Mund(¨er)
p die Lippe(-n)
o der Zahn(¨e)
n der Hals(¨e)
m der Bauch (die Bäuche)
f der Finger(-)
g der Rücken(-)
h der Po(-s)
l das Knie(-)
k das Bein(-e)
j der Fuß(¨e)
i der Zeh(-en)

sprechen 2

Partnerarbeit.
■ *[Points at own head]* Was ist das?
● Das ist (dein Kopf). *[Points at partner's hand]*
   Was ist das?
■ Das ist (meine Hand). …

Das ist	mein / dein	Kopf / Auge / Ohr / Hals / Arm / Bauch / Rücken / Po / Bein / Knie / Fuß / Mund.
	meine / deine	Nase / Hand / Schulter.
Das sind	meine / deine	Zähne / Finger / Zehen / Lippen.

◎ ECHO • Detektiv

Plurals of nouns

Remember, nouns in German take different plural endings:
das Auge(-n) → die Aug**en**
das Bein(-e) → die Bein**e**
der Zeh(-en) → die Zeh**en**
die Hand(¨e) → die H**ä**nd**e**
der Finger → die Finger

Lern weiter ➡ 1.2, Seite 112

lesen 3

Lies den Text. Füll die Lücken aus.
Read the text. Fill in the gaps.

Zelda ist groß und schlank. Sie hat drei __1__ und vier __2__ . Ihre __3__ sind rot und ihre __4__ sind blau. Ihr Kopf ist grün. Sie hat fünf __5__ – ihre __6__ sind ziemlich klein. Sie hat zwei __7__ und zwölf __8__ . Sie hat acht __9__ , aber keine __10__ . Ihre Arme und Beine sind lang und grün.

Zelda

kein
Remember that **kein** means *no* or *none*:

Er / Sie / Es hat
m	**keinen** Mund
f	**keine** Nase
n	**kein** Knie
pl	**keine** Füße

hören 4

Hör zu. Wie sehen die zwei Monster aus? Schreib die Tabelle ab und füll sie aus.

	Was?	Wie viele?	Farbe?	Mann / Frau?
Monster 1	Hände	3	grün	

schreiben 5

Beschreib Zoltog. Dann erfinde eine Freundin für Zoltog.

Zoltog

... ist ...
Er / Sie hat ...
Seine / Ihre ... sind ...
Sein(e) / Ihr(e) ist ...

ECHO • Detektiv

Possessive adjectives

Mein *(my)*, **dein** *(your)*, **sein** *(his)* and **ihr** *(her)*.

m	der Arm	mein /	dein /	sein /	ihr Arm
f	die Hand	mein**e** /	dein**e** /	sein**e** /	ihr**e** Hand
n	das Bein	mein /	dein /	sein /	ihr Bein
pl	die Ohren	mein**e** /	dein**e** /	sein**e** /	ihr**e** Ohren

Lern weiter ➡ **4.4, Seite 116**

hören 6

Hör zu und sing mit.

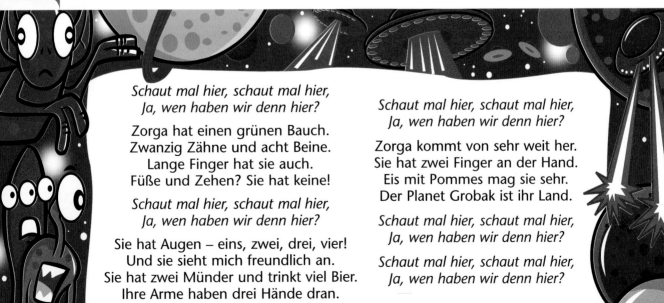

Schaut mal hier, schaut mal hier,
Ja, wen haben wir denn hier?

Zorga hat einen grünen Bauch.
Zwanzig Zähne und acht Beine.
Lange Finger hat sie auch.
Füße und Zehen? Sie hat keine!

Schaut mal hier, schaut mal hier,
Ja, wen haben wir denn hier?

Sie hat Augen – eins, zwei, drei, vier!
Und sie sieht mich freundlich an.
Sie hat zwei Münder und trinkt viel Bier.
Ihre Arme haben drei Hände dran.

Schaut mal hier, schaut mal hier,
Ja, wen haben wir denn hier?

Zorga kommt von sehr weit her.
Sie hat zwei Finger an der Hand.
Eis mit Pommes mag sie sehr.
Der Planet Grobak ist ihr Land.

Schaut mal hier, schaut mal hier,
Ja, wen haben wir denn hier?

Schaut mal hier, schaut mal hier,
Ja, wen haben wir denn hier?

2 Was ist los mit dir?

Saying what's the matter
Using *wenn* (if / when)

 1 **Was passt zusammen?**
Beispiel: 1 e

1 Ich habe Kopfschmerzen.
2 Ich habe Ohrenschmerzen.
3 Ich habe Halsschmerzen.
4 Ich habe Zahnschmerzen.
5 Ich habe Bauchschmerzen.
6 Ich habe Fieber.
7 Ich habe Schnupfen.
8 Mein Knie tut weh.
9 Meine Arme tun weh.
10 Ich bin müde.

 2 **Hör zu. Was ist los?** (1–6)
Beispiel: 1 e

 3 **Partnerarbeit.**

■ Was ist los mit dir?
● (Ich habe Ohrenschmerzen.)
■ Das ist Bild (a).
● (Richtig!) Und was ist los mit dir?

4 **Was ist los? Schreib einen Absatz.** *What's wrong? Write a paragraph.*
Beispiel: Mir geht's schlecht! Ich habe ... und... Ich ... auch ..., aber ...

hören 5

Hör zu und lies. Beantworte die Fragen.

Mutti: Guten Morgen, Marta. Wie geht's?

Marta: Ach, schlecht, Mutti. Heute habe ich Musik, aber ich habe Halsschmerzen. Ich kann nicht singen.

Mutti: Hmm, … Marta, du bist krank. Ich schreibe eine Entschuldigung. Wie heißt dein Lehrer?

Marta: Er heißt Herr Mertens.

Mutti: Hör mal zu. Wenn ich Halsschmerzen habe, nehme ich immer diese Halsbonbons.

Marta: Ja? O.K. Danke, Mutti.

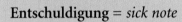

Entschuldigung = *sick note*

1 What's the problem?
2 What can't Marta do?

3 What does her Mum do?
4 What else does she suggest?

hören 6

Hör zu. Was ist los?
Was machen sie? (1–5)
Beispiel: **1** Rückenschmerzen, d

ECHO • Detektiv

wenn = *if*

After **wenn**, the verb jumps to the end of the clause:

Wenn ich Kopfschmerzen **habe**, …

If there is another verb later, it comes immediately afterwards:

Wenn ich Kopfschmerzen **habe**, **nehme** ich Tabletten.

Lern weiter ➡ **8.4, Seite 127**

schreiben 7

Was passt zusammen? Schreib die Sätze auf.

1 Wenn ich Kopfschmerzen habe, …
2 Wenn ich Halschmerzen habe, …
3 Wenn ich Bauchschmerzen habe, …
4 Wenn ich müde bin, …

a gehe ich ins Bett.
b spreche ich nicht.
c nehme ich Tabletten.
d esse ich nicht.

schreiben 8

Schreib die Sätze zu Ende.

1 Wenn ich großen Hunger habe, …
2 Wenn ich sehr traurig bin, …

3 Wenn ich nicht schlafen kann, …
4 Wenn ich schlechte Noten bekomme, …

hören 1 Hör zu und lies.

Ärztin: Hallo, Selim. Was ist los mit dir?
Selim: Mein Knie tut weh. Ich kann nicht gut laufen.

Selim: Aua!
Ärztin: Entschuldigung. Seit wann hast du das?
Selim: Seit zwei Tagen. Ich habe am Wochenende Tennis gespielt.

Ärztin: Das ist nicht so schlimm, aber du musst diese Tabletten nehmen.
Selim: O.K. Danke. Wie oft muss ich sie nehmen?
Ärztin: Viermal am Tag.

Arzt: Hallo, Carolin. Was ist los mit dir?
Carolin: Ich habe Ohrenschmerzen. Ich kann nicht gut hören.

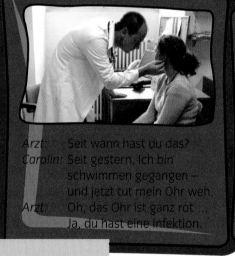

Arzt: Seit wann hast du das?
Carolin: Seit gestern. Ich bin schwimmen gegangen – und jetzt tut mein Ohr weh.
Arzt: Oh, das Ohr ist ganz rot ... Ja, du hast eine Infektion.

Arzt: Du musst dieses Medikament nehmen.
Carolin: Wie oft muss ich es nehmen?
Arzt: Zweimal am Tag.
Carolin: Danke, Herr Doktor.

laufen = *walk / run*
aua! = *ouch!*
seit wann ... ? = *since when ... ?*
das ist nicht so schlimm = *it's not so bad*

lesen 2 Beantworte die Fragen für Selim und Carolin.
1 Was ist los?
2 Was kann er / sie nicht tun?
3 Seit wann hat er / sie das?
4 Warum ist er / sie krank?
5 Was muss er / sie jetzt machen?
6 Wie oft muss er / sie das Medikament nehmen?

ECHO • Detektiv
Modal verbs

können	müssen
ich kann	ich muss
du kannst	du musst
er / sie kann	er / sie muss

After a modal verb, the infinitive goes to the end:

Du **musst** diese Tabletten **nehmen**.

Lern weiter ➡ 6.5, Seite 119

hören 3

Hör zu. Schreib die Tabelle ab und füll sie aus. (1–6)

	Problem?	Seit wann?	Was muss er / sie machen?	Details
1	müde	2 Tagen	Medikament nehmen, 1 x Tag	kann nicht schlafen
2	...			

ECHO • Detektiv

seit = *for, since*

Seit is used with the *present* tense:

Ich **habe** <u>seit</u> zwei Tagen Kopfschmerzen.
I **have had** a headache <u>for</u> two days.

Ich **habe** <u>seit</u> gestern Schnupfen.
I **have had** a cold <u>since</u> yesterday.

Lern weiter ➡ 6.8, Seite 121

Ich kann	nicht	essen / schlafen / sprechen / hören / schreiben.
	keinen Sport machen.	
Seit wann hast du das?		
Seit	gestern / ... Tagen.	
Du musst	diese Halsbonbons diese Ohrentropfen diese Tabletten dieses Medikament	nehmen.
	im Bett / zu Hause	bleiben.
	viel Wasser	trinken.
Du kannst	zur Schule	gehen.

sprechen 4

Partnerarbeit.

- ■ Hallo, (Abbie). Was ist los mit dir?
- ● (Meine Hand tut weh.) (Aua! Aua!)
  Ich kann nicht (schreiben)!
- ■ Seit wann hast du das?
- ● Seit (zwei) Tagen.
- ■ (Du musst dieses Medikament nehmen.)
- ● Danke, (Frau / Herr) Doktor.

a 2T

c 3T

b 1W

d 4T

 schreiben 5

Schreib einen Dialog wie in Aufgabe 4.
Write out a dialogue similar to the one in exercise 4.

✓ Mini-Test • Check that you can

1. Name eight parts of your body, using their plurals correctly
2. Complain about five different health problems
3. Say what you do when you are ill
4. Say that you can't do something
5. Find out how long someone has been ill for
6. Tell someone that he / she must do something

Talking about healthy and unhealthy eating
Using adverbs of frequency to talk about eating habits

hören 1 Rate mal: Was sagen sie? Hör zu und überprüfe es.
Guess what they say. Listen and check.
*Beispiel: **1** Obst*

Fleisch   Gemüse   Obst   Pommes
Kaffee   Schokolade   Saft   Wasser

1 Ich esse jeden Tag ...

2 ... esse ich jede Woche.

3 Ich esse oft ...

4 ... trinke ich manchmal.

5 Ich esse selten ...

6 ... esse ich nie!

7 Ich trinke ab und zu ...

To stress the food or drink in German is easy. Just start the sentence with it (but remember to put the verb second):

Fleisch esse ich nie!

sprechen 2 Partnerarbeit. Mach Interviews.

■ Was isst du (jeden Tag)?
● Ich esse jeden Tag (Pommes). Das finde ich (lecker).
■ Was isst du (jede Woche)?

lecker   eklig   langweilig
gesund   ungesund

◎ ECHO • Detektiv

Adverbs of frequency

jeden Tag = *every day*
jede Woche = *every week*
oft = *often*
manchmal = *sometimes*
ab und zu = *from time to time*
selten = *rarely*
nie = *never*

Lern weiter ➡ **7.2, Seite 125**

Hör zu. Was essen sie? Gesund oder ungesund? (1–2)

Listen. What do they eat? Is it healthy or unhealthy?

Beispiel: **1** *Obst – gesund, …*

> Bonbons Brot Chips
> Fleisch Gemüse Käse
> Kekse Kuchen Obst Pizza
> Pommes Schokolade

Lies die Texte. Korrigiere die Sätze unten.

Ich esse ziemlich ungesund: ich liebe Pizza, Pommes, Schokolade usw.! Heute habe ich viel Pizza gegessen. Lecker! Ich habe wenig Gemüse gegessen – nur eine Tomate auf der Pizza. Ich habe kein Obst gegessen. Obst finde ich langweilig – das esse ich selten! Ich habe viel Cola und viel Kaffee getrunken, aber ich habe wenig Wasser und keine Milch getrunken. Ich hasse Milch – das trinke ich nie! Ich habe keinen Sport gemacht. Ich habe ferngesehen und gefaulenzt – das mache ich jeden Tag. Super!

Ulrich Ungesund

Ich esse immer sehr gesund. Was habe ich heute gegessen? Also, ich habe viel Obst und viel Gemüse gegessen, aber ich habe keine Pommes gegessen. Ich esse nie Pommes – sie sind sehr ungesund! Und was habe ich getrunken? Ich habe viel Wasser getrunken. Ich habe wenig Tee getrunken – nur eine Tasse. Tee trinke ich ab und zu, aber nicht oft. Ich habe viel Sport gemacht – Hockey, Fußball und Aerobic. Das macht Spaß!

Gerda Gesund

> **ich liebe** = *I love*
> **ich hasse** = *I hate*

1 Ulrich findet Pizza ziemlich lecker.
2 Er hat heute viel Gemüse gegessen.
3 Er findet Obst interessant.
4 Er hat keinen Kaffee getrunken.
5 Er findet Milch lecker.
6 Er hat heute Fußball gespielt.

7 Gerda hat heute wenig Obst gegessen.
8 Sie findet Pommes sehr gesund.
9 Sie hat wenig Wasser getrunken.
10 Sie hat keinen Tee getrunken.
11 Sie trinkt oft Tee.
12 Sie hat heute nicht viel Sport gemacht.

Was hast du heute gegessen und getrunken? Wie findest du das?

Ich esse	jeden Tag / jede Woche / oft / manchmal / ab und zu / selten / nie		Fleisch / Bonbons / Pommes …	
Das ist	ziemlich / sehr	lecker / langweilig / gesund / ungesund.		
Heute habe ich	viel / wenig	Gemüse / Wasser	gegessen / getrunken.	
	keinen	Kuchen / Kaffee / Tee		
	keine	Schokolade / Cola / Milch		
	kein	Obst / Wasser		

Hör zu und lies.

Gabi ist immer im Training

Andreas Klunz interviewt Gabi Schöndorff, Schwimmerin

1 Hallo Gabi! Seit wann schwimmst du?
Ich schwimme seit elf Jahren. Ich bin jetzt sechzehn Jahre alt. Ich gehe noch zur Schule, aber ich trainiere jeden Tag.

2 Wie ist dein Trainingsprogramm?
Sehr hart! Mein Trainer heißt Franz Bauer. Er ist freundlich, aber streng. Ich gehe um sechs Uhr morgens ins Sportzentrum und mache Fitnesstraining. Dann komme ich nach Hause und esse Frühstück. Wenn ich Zeit habe, sehe ich auch fern. Danach gehe ich zur Schule.
Nachmittags, nach der Schule, komme ich nach Hause und esse Mittagessen. Ich esse Nudeln mit Käse oder Fisch mit Reis – das ist gesund und gibt viel Energie. Ich trinke dazu Orangensaft. Um Viertel vor drei fahre ich zum Schwimmbad und schwimme zwei Stunden lang. Ich schwimme fünf Kilometer. Ich trainiere Brustschwimmen, Kraul und Schmetterling. Schmetterling ist mein Lieblingsschwimmstil.

3 Was hast du letztes Jahr gewonnen?
Letzten Sommer habe ich die Juniorenmeisterschaften in meiner Region gewonnen. Das war super! Also bin ich jetzt regionale Juniorenmeisterin. Ich bin auch bei einem Wettkampf in Frankreich geschwommen. Wir haben nicht gewonnen, aber es hat Spaß gemacht!

4 Was sind deine Pläne für die Zukunft?
Nächstes Jahr schwimme ich in der nationalen Juniorenmeisterschaft. In zwei Jahren möchte ich eine Medaille bei den Olympischen Spielen gewinnen. Ich möchte auch Weltmeisterin werden! Danach werde ich Profi-Schwimmerin.

Danke, Gabi.

2 **Lies den Text noch mal. Welcher Absatz ist das?**
Read the text again. Which paragraph is it?
*Beispiel: **a** 4*

a   b   c   d   e   f   g h

3 **Wie heißt das auf Englisch?**
Kraul = ?   **Schmetterling = ?**
Brustschwimmen = ?   **die Zukunft = ?**
die Meisterschaften = ?

> Try to guess the meanings of new words before you look them up. Can you tell from the context what they might mean?

lesen 4

Beantworte die Fragen auf Englisch.

1 How old is Gabi?
2 How old was she when she started swimming?
3 What is her coach like? (*2 details*)
4 Where does she go at six o'clock?
5 Does she always watch television before school?
6 Why does Gabi have pasta or fish for lunch?
   (*2 reasons*)
7 Which is her favourite swimming stroke?
8 What did Gabi win last year?
9 What is she planning to do next year?
10 What other ambitions does she have? (*2 things*)

Remember to look for time expressions, as a guide to the tense being used.

Present
morgens = *in the mornings*
nachmittags = *in the afternoons*

Past
letztes Jahr = *last year*
letzten Sommer = *last summer*

Future
nächstes Jahr = *next year*
in zwei Jahren = *in two years*

lesen 5

Finde Sätze im Interview.

Present
1 Ich bin jetzt 16 Jahre alt.
2
3

Past
1
2
3

Future
1
2
3

sprechen 6

Partnerarbeit. Stell und beantworte die Fragen über Gabi.

Ask and answer the questions about Gabi. The text will help you.

1 Seit wann schwimmst du?
2 Wann gehst du morgens ins Sportzentrum?
3 Was hast du letztes Jahr gewonnen?
4 Was isst du nachmittags nach der Schule?
5 Was machst du nächstes Jahr?
6 Was möchtest du in zwei Jahren machen?

schreiben 7

Füll die Lücken aus. Schreib den Absatz aus.

Morgens ich und ich Milch. Dann ich zur

 . Nachmittags, nach der Schule, ich drei lang .

Gestern bin ich mit meinem Trainer ins Sportzentrum . Dann haben wir

bei McDonalds – sehr ungesund! Letztes Jahr habe ich für die

regionale Juniorenmannschaft . Das war !

Nächsten Sommer 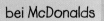 ich nach Frankfurt, zu einem Trainingscamp. In zwei Jahren

ich hoffentlich für die Juniorenmannschaft!

Jan, 14 Jahre alt

Lernzieltest

Check that you can:

1

- Name parts of your body

  Das ist mein Kopf / Arm / Auge.
  Das ist meine Hand.
  Das sind meine Zähne / Zehen.

- ⒢ Form the plural forms of five parts of the body

  Arm (-e) – die Arme, Auge (-n) – die Augen, Kopf (¨e) – die Köpfe

- Describe an alien using *sein(e) / ihr(e)*

  Sein Kopf ist groß und blau.
  Seine Arme sind lang und gelb.
  Ihre Füße sind klein.

2

- Describe three different health problems

  Ich habe Kopfschmerzen. Mein Knie tut weh. Ich habe Fieber.

- ⒢ Say what you do when you are ill, using *wenn*

  Wenn ich Kopfschmerzen habe, nehme ich Tabletten.

3

- Say how long you have had a problem, using *seit*

  Ich habe seit zwei Tagen Kopfschmerzen.

- ⒢ Use *kann / kannst* and *muss / musst* with an infinitive

  Ich kann nicht sprechen.
  Du musst viel Wasser trinken.

4

- Say how often you eat different foods

  Ich esse jeden Tag Obst. Ich esse manchmal Käse. Fleisch esse ich nie!

- ⒢ Use the verbs *essen* and *trinken* in the perfect tense

  Ich habe viel Pizza gegessen.
  Ich habe kein Wasser getrunken.

5

- ⒢ Remember time expressions to talk about the past, present and future

  jeden Tag, morgens,
  letzte Woche, gestern,
  nächsten Sommer, nächstes Jahr

- Say a sentence about the past using a time expression

  Letztes Jahr habe ich Fußball gespielt.

- Say a sentence about the future using a time expression

  Nächstes Jahr fahre ich nach Frankreich.

hören **1** Hör zu. Füll die Tabelle aus. (1–6)

	Was ist los?	Seit wann?	Warum?
1	c	2 Tagen	Karate gemacht

a   b   c  d  e  f

sprechen **2** Partnerarbeit. Mach vier Dialoge.

a 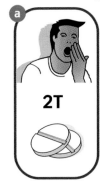 b  c  d

> Was ist los mit dir?
> Seit wann hast du das?
> Du musst ... .

2T 4T 5T 3T

lesen **3** Lies den Brief und beantworte die Fragen auf Deutsch.

1 Wo war Habib am Samstag?
2 Was hat er gegessen?
3 Was ist los mit Habib? (*4 Sachen*)
4 Seit wann hat er das?
5 Was muss Habib jetzt machen? (*2 Sachen*)
6 Was kann er essen und trinken?
7 Was macht er am Donnerstag?
8 Und am Freitag?

Stuttgart, den 19. März

Lieber Herr Merkel,

Habib kann leider nicht zur Schule kommen. Wir waren am Samstag im Restaurant und Habib hat Fisch gegessen. Dann war er krank. Seit zwei Tagen hat er starke Bauchschmerzen, Kopfschmerzen und Fieber. Er ist auch sehr müde. Ich bin heute mit Habib zum Arzt gegangen. Er muss für drei Tage im Bett bleiben und Tabletten nehmen. Der arme Habib kann nur Brot essen und Wasser trinken! Am Donnerstag geht er noch einmal zum Arzt und am Freitag kommt er wieder zur Schule.

Mit freundlichen Grüßen
Herr Akuffo

schreiben **4** Beantworte die Fragen auf Deutsch.

1 Was isst du normalerweise zum Abendessen?
2 Wie oft isst du Obst und Gemüse?
3 Was machst du, wenn du Kopfschmerzen hast?
4 Was hast du gestern gegessen und getrunken?
5 Was machst du nächstes Wochenende?

lesen 1 Kannst du das Sportquiz machen? (Die Antworten sind im Text auf Seite 67.)

Sportquiz

1: Wer ist das?
2: Was macht er?
3: Wann hat er das erste Mal die Weltmeisterschaft gewonnen?

8: Wer ist das?
9: Was war er?
10: Was hat er 1985 gewonnen?
11: Wo arbeitet er nächstes Jahr als Fernsehreporter?

15: Wer ist das?
16: Was macht er?
17: Was hat er 1997 gewonnen?

4: Wer ist das?
5: Wie oft war sie Europameister?
6: Was hat sie 2003 gemacht?
7: Wo war 2005 die Europameisterschaft?

12: Wer ist das?
13: Was macht sie?
14: Wann hat sie den Weltcup in der Abfahrt gewonnen?

18: Wer ist das?
19: Was war sie?
20: Wie oft hat sie Wimbledon gewonnen?

> Look up any words that you don't know in the **Wortschatz** at the back of this book.

| WILLKOMMEN | SPIELE | SPORTHALLE | FORUM |

SUCHE ▶ [   ]

Steffi Graf war Tennisspielerin. 1988, als sie neunzehn Jahre alt war, hat sie das erste Mal das Turnier von Wimbledon gewonnen. Danach war sie bis 1996 sechsmal Siegerin. Sie hat also insgesamt siebenmal Wimbledon gewonnen. Heute hat sie zwei Kinder und lebt mit ihrem Mann, dem Tennisspieler Andre Agassi, in den USA.

Jan Ullrich ist Radsportler. Er kommt aus Rostock, in Ostdeutschland. Er war 1993 Amateur-Weltmeister und fährt seit 1995 als Profisportler Rad. 1997 hat er die Tour de France gewonnen und im Jahr 2003 wurde er zum fünften Mal hinter Lance Armstrong Zweiter bei der Tour de France.

Regina Häusl ist Skifahrerin. Sie kommt aus Deutschland und hat schon viermal die deutsche Meisterschaft gewonnen. 1999 war sie auch Deutsche Meisterin im Super-G. Im Jahr 2000 war sie die Weltcup-Gewinnerin in der Abfahrt.

Michael Schumacher ist Rennfahrer, er war insgesamt siebenmal Weltmeister in der

Formel Eins: 1994, 1995 und jedes Jahr von 2000 bis 2004. Er fährt noch bis 2006 für Ferrari und sein Bruder Ralf, auch Formel-Eins-Rennfahrer, fährt für Toyota.

Boris Becker war als Tennisspieler dreifacher Sieger von Wimbledon. Das erste Mal hat er das Turnier im Jahr 1985 gewonnen. Im nächsten Jahr kommt er wieder nach Wimbledon, um als Fernsehreporter zu arbeiten.

Die deutsche Frauenmannschaft war schon fünfmal Europameister im Fußball: 1989, 1991, 1995, 1997 und 2001. Bei der Europameisterschaft 2005 in England war die deutsche Frauenmannschaft im Fußball eine der Favoriten.

wurde = *became*

This is how you say dates in German:

1995 = 'neunzehn-hundert-fünf-und-neunzig'
2003 = 'zwei-tausend-und-drei'

Don't put 'in' before the date:

Boris Becker hat **neunzehnhundertfünfundachtzig** Wimbledon gewonnen.

hören 2 Alles richtig? Hör zu und überprüfe es.

hören lesen 3 Hör noch mal zu. Lies den Text auch noch mal. Notiere jedes Mal weitere Details.
Listen again and read the text again, then note down extra details each time.

sprechen 4 Partnerarbeit. Stell und beantworte sechs Fragen vom Sportquiz.
- ■ Was war Steffi Graf?
- ● Sie war Tennisspielerin.
- ■ Richtig! Was hat Jan Ullrich 1997 gewonnen?

schreiben 5 Mach Notizen über einen anderen Sportler / eine andere Sportlerin oder über eine Mannschaft.
Beispiel: Dame Kelly Holmes – britische Leichtathletin –
Olympische Spiele Athen – 2004 – 800 m gewonnen

schreiben 6 Mach ein Poster über den Sportler / die Sportlerin / die Mannschaft.
Beispiel: Kelly Holmes ist Leichtathletin. Sie kommt aus England und sie hat im Jahre 2004 bei den Olympischen Spielen in Athen die 800 m und die 1500 m gewonnen. Seit 1. Januar 2005 ist sie eine Dame. Heute macht sie immer noch Leichtathletik.

Get more detail into your poster by doing some personal research: How old is the person? Where do they live? Do they have a family? What sort of person are they? Do you like them?

Der Körper | The body

Das ist … | That is …
- mein Kopf. | my head.
- dein Auge. | your eye.
- mein Ohr. | my ear.
- dein Hals. | your neck.
- mein Arm. | my arm.
- dein Bauch. | your stomach.
- mein Rücken. | my back.
- dein Bein. | your leg.
- mein Knie. | my knee.
- dein Fuß. | your foot.
- mein Mund. | my mouth.
- dein Po. | your bottom.
- meine Nase. | my nose.
- deine Hand. | your hand.
- meine Schulter. | my shoulder.

Das sind … | Those are …
- meine Zähne. | my teeth.
- deine Finger. | your fingers.
- meine Zehen. | my toes.
- deine Lippen. | your lips.

Wie sieht er / sie aus? | What does he / she look like?

Er / Sie hat (zwei) … | He / She has (two) …
- Arme. | arms.
- Augen. | eyes.
- Beine. | legs.
- Füße. | feet.
- Hände. | hands.
- Ohren. | ears.
- Knie. | knees.

Sein (Kopf) ist groß. | His (head) is big.
Ihr (Mund) ist blau. | Her (mouth) is blue.
Seine (Ohren) sind klein. | His (ears) are small.
Ihre (Augen) sind grün. | Her (eyes) are green.

Was ist los mit dir? | What's the matter with you?

Ich habe … | I've got …
- Kopfschmerzen. | a headache.
- Ohrenschmerzen. | earache.
- Bauchschmerzen. | a stomach ache.
- Halsschmerzen. | a sore throat.
- Zahnschmerzen. | toothache.

Ich habe Rückenschmerzen. | My back aches.

Ich habe Fieber. | I've got a temperature.
Ich habe Schnupfen. | I've got a cold.
Mein Knie tut weh. | My knee hurts.
Meine Arme tun weh. | My arms hurt.
Ich bin müde. | I'm tired.
Ich kann nicht singen. | I can't sing.
Du kannst nicht zeichnen. | You can't draw.
Er / Sie kann nicht spielen. | He / She can't play.
Wenn ich Bauchschmerzen habe, esse ich nicht. | If I've got a stomach ache, I don't eat.

Beim Arzt | At the doctor's

Seit wann hast du das? | How long have you had this?

Seit gestern. | Since yesterday.
Seit zwei Tagen. | For two days.

Ich kann nicht … | I can't …
- essen. | eat.
- schlafen. | sleep.
- sprechen. | speak.
- hören. | hear.
- schreiben. | write.

Du musst … nehmen. | Your must take …
- dieses Medikament | this medicine.
- diese Halsbonbons | these throat sweets.
- diese Ohrentropfen | these ear drops.
- diese Tabletten | these tablets.

Du musst im Bett bleiben. | You must stay in bed.
Du musst zu Hause bleiben. | You must stay at home.
Du musst viel Wasser trinken. | You must drink a lot of water.
Du kannst zur Schule gehen. | You can go to school.

Was isst du?

Ich esse jeden Tag Obst.	*I eat fruit every day.*
Ich esse jede Woche Schokolade.	*I eat chocolate every week.*
Ich esse oft Gemüse.	*I often eat vegetables.*
Ich trinke manchmal Saft.	*I sometimes drink juice.*
Ich esse selten Fleisch.	*I rarely eat meat.*
Ich esse nie Pommes.	*I never eat chips.*
Ich trinke ab und zu Kaffee.	*I occasionally drink coffee.*

What do you eat?

Was hast du heute gegessen / getrunken?

What have you eaten / drunk today?

Ich habe viel Gemüse gegessen.	*I've eaten a lot of vegetables.*
Ich habe … gegessen.	*I haven't eaten …*
wenig Gemüse	*many vegetables.*
keinen Kuchen	*any cake.*
keine Schokolade	*any chocolate.*
kein Obst	*any fruit.*
Ich habe viel Tee getrunken.	*I've drunk a lot of tea.*
Ich habe … getrunken.	*I haven't drunk …*
wenig Tee	*much tea.*
keinen Kaffee	*any coffee.*
keine Cola	*any cola.*
keine Milch	*any milk.*
kein Wasser	*any water.*
Das ist ziemlich …	*That's quite …*
Das ist sehr …	*That's very …*
lecker.	*tasty.*
langweilig.	*boring.*
gesund.	*healthy.*
ungesund.	*unhealthy.*

Immer im Training

Always in training

Er macht Krafttraining.	*He does weight training.*
Er isst zwei Eier.	*He eats two eggs.*
Er trinkt Wasser.	*He drinks water.*
Er isst Nudeln.	*He eats pasta.*
Er schwimmt fünf Kilometer.	*He swims five kilometres.*
Er macht Hausaufgaben.	*He does homework.*

Er surft im Internet.	*He surfs the Internet.*
Er geht um neun Uhr ins Bett.	*He goes to bed at nine o'clock.*
Sie hat Burger und Pommes gegessen.	*She ate a burger and chips.*
Sie hat Kaffee getrunken.	*She drank coffee.*
Sie hat kein Krafttraining gemacht.	*She didn't do any weight training.*
Sie hat ferngesehen.	*She watched TV.*
Sie ist einen Kilometer geschwommen.	*She swam a kilometre.*
Sie ist um halb neun ins Bett gegangen.	*She went to bed at half-past eight.*
normalerweise	*normally*

Strategie 4

Learning long words

German has some very long words that are made up of two or more shorter words, e.g. Kopf + Schmerzen = Kopfschmerzen.
These are called compound words. Compound words are easier to learn if you break them down. Make vocabulary cards to practise them. Put part of the word on the front of the card, e.g.: … schmerzen.
On the back of the card write down all the bits of words that you know go with it:
Kopf … , Ohren … , Zahn … , Bauch … .

You can use either the front of the card or the back of the card to test yourself.

Can you think of any words to go with these:
Lieblings … , … geschäft, … sendung?

5 Wir gehen aus

1 Es tut mir Leid

Accepting and turning down invitations
Giving reasons using *weil* (because)

 hören 1

Hör zu. Welches Bild ist das? (1–7)
Beispiel: 1 b

> Möchtest du am Samstag zu meiner Party kommen?

Carolin

a

Ich wasche mir die Haare.

b Ich besuche meine Oma.

c  MATHE

Ich mache meine Hausaufgaben.

d Ich helfe zu Hause.

e Ich übe Klavier.

f Ich habe Fußballtraining.

g Ja, gern.

sprechen 2

Partnerarbeit.

- ■ Möchtest du am (Montag) (schwimmen gehen)?
- ● Es tut mir Leid, ich kann nicht.
- ■ Warum?
- ● Ich (mache meine Hausaufgaben).
- ■ Wie schade!

Möchtest du am (Montag)	ins Kino	gehen?
	in die Stadt	
	schwimmen	
	Tennis	spielen?

Es tut mir Leid. / Ich kann nicht.

a 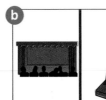 **b**   **c**   **d**

 hören 3

Hör zu. Schreib die Tabelle ab und füll sie auf Englisch aus. (1–5)

	Day	Suggestion	Yes / No	Plan / Reason
1	Thursday	Tennis	Yes	2:00 in park

lesen 4 Lies den Text. Beantworte die Fragen. Du bist Moritz.

> Ich kann heute nicht ins Kino gehen, weil ich meine Hausaufgaben mache. Ich mache heute meine Hausaufgaben, weil ich morgen Fußball spiele. Ich spiele morgen Fußball, weil ich viel trainieren muss. Ich muss viel trainieren, weil ich wie David Beckham spielen möchte. Ich möchte wie David Beckham spielen, weil er viel Geld hat. Ich brauche viel Geld, weil ich gern ins Kino gehe!

1 Warum machst du heute deine Hausaufgaben?
2 Warum spielst du morgen Fußball?
3 Warum möchtest du wie David Beckham spielen?
4 Warum brauchst du viel Geld?
5 Warum kannst du heute nicht ins Kino gehen?

ECHO • Detektiv

weil = because

After **weil**, the *verb* goes to the *end* of the sentence:

weil ich Fußball **spiele** = *because I'm playing football*
weil ich zu Hause **helfe** = *because I'm helping at home*

Lern weiter ➡ 8.4, Seite 127

sprechen 5 Partnerarbeit. Mach Dialoge.

■ Möchtest du am (Mittwoch) (in die Stadt gehen)? →
● Nein, es tut mir Leid. Ich kann nicht, weil ich (meine Oma besuche). →
■ Kannst du am (Dienstag) kommen? →
● Nein, ich kann nicht, weil ich (zu Hause helfe). →
■ (Wie schade!) Kannst du am (Freitag) kommen?
● Ja, gern. Wann treffen wir uns?
■ Um (halb fünf). →
● Ja, prima. Bis (Freitag).

weil ich	meine Hausaufgaben mache. meine Oma besuche. mir die Haare wasche. zu Hause helfe. Klavier übe. Fußballtraining habe.	Ach nein! Wie Schade!
		Echt? Das tut mir Leid!
		Kannst du am (Dienstag) kommen?
		Wann treffen wir uns? Um … Uhr

schreiben 6 Schreib einen Dialog wie in Aufgabe 5.

1 Hör zu und lies. Was passt zusammen?
Listen and read. Find the pairs.

Was trägst du am Samstag auf der Party?

1 Ich werde auf der Party den gelben Rock tragen. Ich werde auch die gepunktete Bluse tragen.

2 Ich werde auf der Party meine Baseballmütze tragen. Ich werde auch die blaue Jeansjacke und die gestreifte Hose tragen. Sie sind sehr modisch.

3 Ich werde das karierte Hemd und die Jeans tragen. Ich werde auch das schwarze T-Shirt tragen.

4 Ich werde das glitzernde rote Kleid tragen. Da ist ein Geschenk von meiner Oma. Ich werde auch die schwarzen Schuhe tragen, aber sie sind nicht sehr bequem!

a

b

c

d

2 Lies die Texte noch mal. Wie heißt das auf Englisch?

1 gepunktet
2 gestreift
3 kariert
4 glitzernd
5 modisch
6 bequem

ECHO • Detektiv

The future tense: *ich werde* + infinitive

Ich **werde** meine Baseballmütze **tragen**.
= I **will wear** my baseball cap.
Ich **werde** Jeans **tragen**.
 = I **will wear** jeans.

Ich werde + infinitive works just like a modal verb: the infinitive goes to the end of the sentence.

Lern weiter ➡ 6.18, Seite 124

3 Lies den Text. Füll die Lücken aus.

Das hier ist mein Kostüm für die Party am Samstag. Ich __1__ den __2__ Minirock tragen. Meine __3__ findet ihn zu kurz, aber ich mag ihn gern! Ich werde auch die __4__ Jeansjacke und das __5__ T-shirt __6__. Natürlich werde __7__ die roten __8__ tragen. Mein __9__ findet sie schick, aber sie sind __10__ sehr bequem!

Freund   ich
blaue   werde
nicht   Schuhe
gelbe   tragen
gepunkteten   Mutter
glitzernden

Was werden Jessica und Timo auf der Party tragen? Hör zu und mach Notizen.

Beispiel: Jessica – striped T-shirt , …

Partnerarbeit.

■ Ich werde auf der Party das gestreifte Hemd tragen.

● Was sonst?

■ Ich werde auch … Und du?

● Ich werde …

ECHO • Detektiv

Adjective endings (accusative)

When an adjective comes before the thing it describes, it has an extra ending.

m	Ich werde de**n** blau**en** Rock tragen.
f	Ich werde die rot**e** Hose tragen.
n	Ich werde das grün**e** T-Shirt tragen.
pl	Ich werde die weiß**en** Schuhe tragen.

Lern weiter ➡ **4.1, Seite 115**

Ich werde	den	kurzen / roten / glitzernden	Rock / Pullover	tragen.
	die	braune / rote / blaue	Hose / Jacke / Baseballmütze	
	das	gestreifte / gepunktete / karierte	Hemd / Kleid / T-Shirt	
	die	braunen / grauen / weißen / langen	Schuhe / Sportschuhe / Stiefel	

Schreib Sätze für zwei Personen aus Aufgabe 5.

Beispiel: Ich werde das gestreifte Hemd tragen.

Schreib Sätze für die zwei Personen.

Beispiel: Heute Abend werde ich den kurzen, glitzernden Rock und … tragen.
Den … finde ich … Ich werde auch …

Turn your sentences from exercise 6 into a text.

● Use time expressions with the verb second: **Heute Abend werde ich …**

● Use connectives: **und, auch**

● Include opinions: **Den / Die / Das … finde ich klasse / toll / schick / modisch / bequem**.

3 Auf der Party

Talking about a party you have been to
Using *ihr* (you)

---

hören 1

Hör zu und lies. Wer spricht?
Beispiel: a, b, a, ...

1

> Hallo ihr zwei! Was hört ihr?

> Und was spielt ihr?

> Wir spielen ein neues Computerspiel.

> Wir hören eine alte Rap-CD.

2

> Was esst ihr?

> Und was trinkt ihr?

> Wir essen hei~~ß~~ Würstchen. Si~~e~~ sind lecker!

> Wir trinken Orangensaft.

3

> Claudia sieht gut aus. Sie trägt eine neue Hose.

> Claudia, hallo!

> Ja. Sie trägt auch ein tolles T-Shirt.

> Hallo, wie geht's? Was macht ihr so?

COLA

---

lesen 2

Wer sagt das? *Who says it?*
*Beispiel: **1** a*

1. What are you playing?
2. What are you drinking?
3. What are you listening to?
4. What are you doing?
5. What are you eating?

---

sprechen 3

Gruppenarbeit.

- ■ Was esst ihr?
- ● + ▲ Wir essen Popcorn.

- ● Was seht ihr?
- ▲ + ■ Wir ...

> Popcorn
> Cola
> eine Beatles-CD
> einen James-Bond-Film

ECHO•Detektiv

ihr = *you* (informal, plural)

ihr is the plural form of **du**. It is used for speaking to more than one friend or relative.

Take the **-en** off the infinitive and add **t**:

mach~~en~~ → ihr mach**t**
seh~~en~~ → ihr seh**t**
ess~~en~~ → ihr ess**t**

Lern weiter ➡ 5.2, Seite 117

---

hören 4

Hör zu. Schreib die Tabelle ab und füll sie aus. (1–4)

	gegessen	getrunken	Kleidung	Details
1	Pizza	Limo	blaues Kleid	getanzt

ECHO • Detektiv

Adjective endings with *einen* / *eine* / *ein* (accusative)

Sie trägt …

m	einen grün**en** Rock.
f	eine grün**e** Bluse.
n	ein grün**es** Hemd.
pl	grün**e** Schuhe.

Lern weiter ➡ 4.3, Seite 116

lesen 5

Lies den Text. Was passt zusammen?
*Beispiel: **a** – rot*

schwarz   grün
doof   rot
gut   groß
gestreift

Am Samstagabend bin ich zu Carolins Party gegangen. Es war toll, weil Carolins Mutter nicht zu streng ist! Markus war da, und Jessica auch. Markus ist so lustig – er hat eine rote Krawatte und ein gelbes gestreiftes Hemd getragen! Jessica hat einen grünen Rock und schwarze Schuhe getragen.

Wir haben Musik gehört, aber ich habe nicht getanzt, weil ich nicht gut tanze!

Wir haben auch einen guten Krimi auf DVD gesehen und ich habe einen großen Hamburger gegessen. Dann haben wir doofe Spiele gespielt. Ich bin um halb zwölf mit meinem Vater nach Hause gefahren.

Nächsten Freitag werde ich mit Anja zu deiner Geburtstagsparty kommen!
Selim

schreiben 6

Schreib den Text ab. Wähle das richtige Wort.
Write out the text and choose the right word each time.

Die Party bei Carolin war toll. Ich habe ein **blauen / blaues / blaue** T-Shirt und eine **gestreifte / gestreiftes / gestreiften** Hose getragen. Selim war sehr schick! Er hat eine **schwarzes / schwarzen / schwarze** Jacke und **coole / coolen / cooles** Stiefel getragen. Auf der Party haben wir **leckere / leckeren / leckeres** Pommes gegessen. Carolin hat viele DVDs. Wir haben einen **langweiligen / langweiliges / langweilige** Krimi gesehen. Dann haben wir **tolle / tolles / tollen** Spiele gespielt.

schreiben 7

Schreib eine E-Mail über eine Party.
Write an email about a party (use the text in exercise 5 as a model).

✓ Mini-Test • Check that you can

1. Invite someone out using *Möchtest du* + infinitive
2. Say why you can't go out, using *weil* and an excuse
3. Remember 6 items of clothing and 6 adjectives to describe clothes
4. Remember endings for adjectives after *den / die / das / die* and *einen / eine / ein*
5. Say what you are going to wear using the future tense with *werden* and an infinitive
6. Ask your friends 3 questions using *ihr* and a verb

hören **1** Hör zu und lies.

Die Freunde schlafen bei Fairuza.

Im Mädchenzimmer

> *Ahh. Es ist ein Uhr und morgen ist Schule! Wann gehst du in die Schule?*

> *Hmm. Also, ich wache auf ... Ich stehe um halb sieben auf ..., ich wasche mich, ich ziehe mich an und ich frühstücke. Ich gehe um Viertel nach sieben in die Schule.*

Im Jungenzimmer

> *Es ist ein Uhr! Wow. Und morgen haben wir Schule. Igitt. Was machst du nach der Schule, Habib?*

> *Nach der Schule? Hmm ... Ich komme nach Hause und ich mache meine Hausaufgaben (langweilig!). Ich esse zu Abend und dann sehe ich fern. Ich gehe um zehn Uhr ins Bett.*

lesen **2** Wie heißt das auf Deutsch?

Beispiel: 1 Ich wache auf.

1 I wake up.
2 I get up at half past six.
3 I wash myself.
4 I get dressed.
5 I have breakfast.
6 I go to school at quarter past seven.
7 I come home.
8 I do my homework.
9 I eat supper.
10 I go to bed at ten o'clock.

sprechen **3** Partnerarbeit. Interviews über das Tagesprogramm.

Wann wachst du auf?
Wann stehst du auf?
Wann frühstückst du?
Wann gehst du in die Schule?
Wann kommst du nach Hause?
Wann machst du deine Hausaufgaben?
Wann isst du Abendbrot?
Wann gehst du ins Bett?

ECHO • Detektiv

Separable verbs

aufwachen	→	ich wache **auf**
aufstehen	→	ich stehe **auf**
fernsehen	→	ich sehe **fern**

When you use these verbs with **ich, du, er, sie**, etc., the first part of the infinitive jumps to the end of the sentence.

Ich wache um Viertel nach sieben **auf.**

Lern weiter ➡ 6.6, Seite 120

hören **4**

Hör zu. Was macht Christian und wann?
Beispiel: 6.15 – wakes up

lesen **5**

Lies den Text und ordne die Bilder.

> Remember, the verb is always the second idea:
>
> | 1 | 2 |
> |---|---|
> | Um sechs Uhr | wache ich auf. |
> | Dann | stehe ich auf. |

 a  **b**  **c** **d**  **e** **f** **g**

Während der Woche wache ich um sechs Uhr morgens auf (am Wochenende um acht oder neun Uhr). Das ist schrecklich und ich bin immer sehr müde! Fünf Minuten später stehe ich auf. Zuerst wasche ich mich und dann ziehe ich mich an. Ich frühstücke um halb sieben. Ich esse meistens Brot mit Marmelade und ich trinke Saft. Danach sehe ich zehn Minuten fern. Zum Schluss gehe ich in die Schule – um sieben Uhr treffe ich Christian und wir fahren mit der Straßenbahn.

Nachmittags komme ich um halb zwei nach Hause. Ich esse zu Mittag und danach mache ich meine Hausaufgaben. Dann gehe ich manchmal mit meinem Bruder ins Sportzentrum. Um halb sieben essen wir zu Abend. Ich sehe oft bis neun oder zehn Uhr abends fern und dann gehe ich ins Bett. Ich muss ziemlich früh ins Bett gehen, weil meine Eltern streng sind!

Selim

schreiben **6**

Schreib die Sätze für die Bilder aus Aufgabe 5.
Beispiel: Um sechs Uhr stehe ich auf – c

Um … Uhr …	wasche ich mich	gehe ins Bett
Um fünf nach sechs …	wache ich auf	esse ich zu Mittag
Zuerst …	ziehe ich mich an	komme ich nach Hause
Dann …	frühstücke ich	mache ich meine Hausaufgaben
Um halb sieben …	stehe ich auf	gehe ich ins Sportzentrum
Danach …	fahre ich mit	essen wir zu Abend
Zum Schluss …	der Straßenbahn	
	in die Schule	
	sehe ich fern	

zuerst = *firstly*   **danach** = *after that*
dann = *then*   **zum Schluss** = *finally*

schreiben **7**

Schreib einen Absatz über dein Tagesprogramm.
Beispiel: Ich wache um Viertel vor sieben auf.
Ich stehe auf und ich wasche mich.
Dann ziehe ich mich an. Um …

ECHO • Detektiv

Like other languages, German has some **reflexive verbs.**

You have seen two in this unit:
Ich wasche **mich**.   = *I wash myself.*
Ich ziehe **mich** an.   = *I dress myself.*

Lern weiter ➡ 6.7, Seite 120

hören 1 Hör zu und lies. Welches Foto ist das?

Liebe Gisela!

1

Ich habe ein Problem. Mein Bruder Freddi ist neun Jahre alt und er ist total doof! Meine Mutter arbeitet viel und Freddi kann nicht allein zu Hause bleiben.
Letzte Woche hatte ich mit meinen Freunden Fußballtraining im Park, und Freddi war natürlich auch dabei! Er hat sehr schlecht Fußball gespielt, und es war total peinlich. Nächstes Wochenende werde ich zu einer Party im Jugendklub gehen. Freddi möchte auch zur Party kommen, aber das geht nicht. Er ist zu jung für meine Clique! Kannst du mir bitte helfen?

Frank (14)

2 Kannst du mir bitte helfen? Ich habe ein Problem. Am Wochenende war ich mit meiner besten Freundin Katrina in der Stadt. Ich hatte Hunger und wir sind in ein Café gegangen. Ich hatte nicht viel Geld, aber wir haben eine Portion Pommes gekauft. Danach haben wir Lisa und Anja gesehen. Sie sind in meiner Klasse, und ich finde sie sehr unfreundlich. Lisa hatte drei Kinokarten und Katrina ist mit ihnen ins Kino gegangen. Zum Schluss war ich alleine im Café.
Katrina ist jetzt immer mit Lisa und Anja zusammen. Nächste Woche werden sie noch einmal ins Kino gehen. Sie lachen viel über mich. Jetzt habe ich keine beste Freundin mehr! Was kann ich tun?

Susi (13)

a   b

dabei = *there, with me*
peinlich = *embarrassing*
lachen = *to laugh*

lesen 2 Lies die Briefe noch mal und beantworte die Fragen.

1 Give three details about Frank's younger brother.
2 Why does he have to look after his brother?
3 What did Frank find embarrassing?
4 What is Frank doing next weekend?
5 Who is Katrina?
6 Who did Katrina go to the cinema with?
7 What is Katrina going to do next week?
8 What is the problem with Katrina, Lisa and Anja now?

Understanding difficult sentences

● Look for words you know and try to guess what the sentence means.
● Identify key new words in the sentence and look them up. Was your guess correct?

lesen 3 Korrigiere die Sätze.

1 Frank hatte gestern Fußballtraining.
2 Freddi war nicht beim Fußballtraining.
3 Freddi hat gut gespielt, und es war toll.
4 Susi war mit Katrina im Sportzentrum.
5 Susi hatte Kopfschmerzen.
6 Lisa hatte vier Kinokarten.

ECHO • Detektiv

hatte = *had*	war = *was*
ich hatte	ich war
du hatte**st**	du war**st**
er / sie hatte	er / sie war

Lern weiter ➡ **6.16/6.17, Seite 124**

lesen 4

Für wen ist der gute Rat – für Frank oder Susi?
Who is the good advice for, Frank or Susi?

a Du musst die drei Mädchen vergessen.
b Du solltest mit deiner Mutter sprechen und einen Kompromiss finden.
c Du solltest neue Freunde finden.
d Kannst du manchmal zu Hause mit deinem Bruder spielen?

> du musst = *you must*
> du solltest = *you should*

hören 5

Hör zu. Schreib zwei Buchstaben auf. (1–4)
Beispiel: 1 d, j

a Meine Eltern sind zu müde und launisch.

k Du musst deine Hausaufgaben machen.

b Mein Lehrer / Meine Lehrerin ist zu streng / launisch / unfair.

j Du solltest neue Freunde finden.

Ich habe ein Problem! Kannst du mir helfen?

c Meine Freunde sind unfair.

i Du musst mehr Sport machen / zum Fitnesstraining gehen.

d Ich bin zu schüchtern.

h Du solltest neue Kleidung kaufen.

e Ich bin nicht fit.

f Meine Kleidung ist alt und nicht cool.

g Du solltest zu Hause helfen.

sprechen 6

Partnerarbeit. Mach Dialoge.
■ Ich habe ein Problem! (Ich bin nicht fit!)
● Du musst / solltest (zum Fitnesstraining gehen).

Using a text for ideas
Use the problem letters on the facing page for useful phrases for your letter in exercise 7. Note down words and sentences you'd like to use.

schreiben 7

Schreib einen Brief über ein Problem.

Try to use different tenses. Can you refer to the past, the present and the future in your letter?

Gestern habe ich / bin ich …
Letzte Woche war schrecklich. Ich habe …

Abends muss ich …
Jeden Tag gehe ich …

Nächsten Samstag werde ich …
Morgen werde ich …

Lernzieltest

Check that you can:

1
- Suggest going out to do something
- Accept or turn down an invitation, giving a reason
- ⊙ Create sentences with *weil*

Möchtest du am Samstag ins Kino gehen?

Es tut mir Leid, ich besuche meine Tante.

Ich kann nicht, weil ich meine Hausaufgaben mache.

2
- Talk about clothes you are planning to wear

- ⊙ Use adjectives before nouns with correct endings

Ich werde die Hose tragen.
Ich werde auf der Party das T-Shirt tragen.

Ich werde den glitzernden Rock, die gepunktete Jacke und die schwarzen Stiefel tragen.

3
- Ask questions to a group of friends, using *ihr*
- ⊙ Check endings to adjectives after *einen / eine / ein*
- Talk about what someone was wearing at a party

Was esst ihr? Was spielt ihr?

Sie trägt einen langen Rock.
Er trägt ein grünes Hemd.

Er hat eine blaue Hose getragen.
Sie hat ein kariertes Kleid getragen.

4
- Talk about your daily routine, using clock times

- ⊙ Use some separable verbs correctly

- Link some sentences using *zuerst, dann, danach* and *zum Schluss*

- ⊙ Recognise some reflexive verbs

Ich frühstücke um sieben Uhr.
Ich gehe um neun Uhr abends ins Bett.

Ich stehe um sechs Uhr auf.
Ich sehe um acht Uhr fern.

Zuerst stehe ich auf. Dann frühstücke ich. Danach sehe ich fern und zum Schluss gehe ich in die Schule.

Ich wasche mich. Ich ziehe mich an.

5
- ⊙ Understand sentences with *hatte* (had)
- Talk about problems

- Give advice to a friend

Ich hatte kein Geld. Sie hatte Kopfschmerzen.

Meine Eltern sind zu müde und launisch. Ich bin zu schüchtern.

Du musst einen Kompromiss finden.
Du solltest mehr Sport machen.

hören 1

Hör zu. Schreib die Tabelle ab und füll sie aus.

Was?	Wann?	Details?
Ich stehe auf	6.30	schrecklich
Ich wasche mich		
Ich ziehe mich an		
Ich frühstücke		
Ich gehe in die Schule		
Abendbrot		
Ich sehe fern		
Ich gehe ins Bett		

sprechen 2

Partnerarbeit.

■ Möchtest du am (Samstag) (ins Kino gehen)?

● Ja, gern! Ich werde (ein rotes Hemd) und (eine gestreifte Hose) tragen.

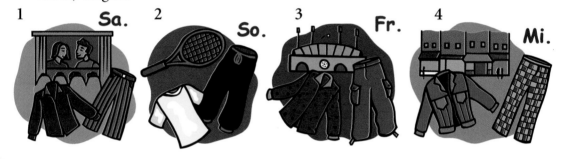

1 Sa.   2 So.   3 Fr.   4 Mi.

lesen 3

Lies den Text und die Fragen. Was sagt Fairuza? Was sagt Katja?

Beispiel: **Fairuza 1** *Ich bin mit Katja ins Kino gegangen …*

Katja 1 *Ich bin mit Fairuza ins Kino gegangen …*

1 Was hast du gestern in der Stadt gemacht? (*3 Sachen*)

2 Wie war es?

3 Was hast du gekauft?

4 Was hast du gegessen?

5 Was hast du getrunken?

6 Wer war auch dabei?

7 Was wirst du morgen machen?

wirst du? = *will you?*

Fairuza

Gestern war Freitag. Ich bin mit Katja in die Stadt gegangen. Es war prima! Zuerst sind wir ins Kino gegangen. Der Film war echt lustig, aber Katja hat den Film langweilig gefunden. Dann sind wir in ein Modegeschäft gegangen. Ich habe zwei gestreifte T-Shirts für zwanzig Euro gekauft. Das finde ich billig. Katja hat schöne Schuhe gekauft. Zum Schluss haben wir bei McDonalds Hamburger gegessen. Das esse ich sehr gern, weil es so lecker ist! Ich habe Cola getrunken, aber Katja hat nichts getrunken, weil sie nicht viel Geld hatte. Wir haben bei McDonalds auch Habib gesehen. Er ist so nett und lustig, aber Benno, Habibs Hund, finde ich ziemlich doof. Morgen, Sonntag, werde ich mit Katja zu Karls Party gehen. Ich werde einen roten Minirock und eine gestreifte Jacke tragen.

schreiben 4

Du warst gestern in der Stadt. Beantworte die Fragen in Aufgabe 3 für dich.

You were in town yesterday. Answer the questions in exercise 3 for yourself.

hören **1** Schreib Untertitel für die Bilder. Hör zu und überprüfe es. (1–6)

Beispiel: 1 Ich glaube, dass wir elektrische Autos fahren werden.

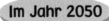
Im Jahr 2050

| Ich glaube, dass wir | Wasser sparen
elektrische Autos fahren
alles recyceln
im Internet (nicht in der Schule) lernen
Solarenergie zu Hause haben
nur Tabletten essen | werden. |

die Umwelt = *the environment*
recyceln = *to recycle*

sprechen **2** **Gruppenarbeit. Diskussion: das Leben im Jahr 2050.**

■ Ich glaube, dass wir (alles recyceln) werden.

● Ich glaube nicht, dass wir (Solarenergie zu Hause haben) werden.

hören **3** Hör zu. (1–6)
Sieh die Bilder aus
Aufgabe 1 an. Schreib die
Tabelle ab und füll sie aus.

	Ja / Nein	Warum?	Extra Details
1	Nein	zu langsam	Vater fährt gern ziemlich schnell

You will hear these adjectives in listening exercise 3. Which pictures from exercise 1 do you think they go with?
langsam   langweilig
sonnig   praktisch
wichtig

ECHO • Detektiv

Ich glaube, dass … = *I think that …*

Just as after **wenn** and **weil**, the verb moves to the end of the clause after **dass**:

Ich glaube, **dass** wir alles recyceln **werden**.
I think that we're going to recycle everything.

Lern weiter ➡ **8.4, Seite 127**

sprechen **4** **Vortrag: Im Jahr 2050.**
Prepare a short talk in German about things you think we will or won't be doing in the year 2050.
Beispiel:

Ich glaube nicht, dass wir nur Tabletten essen werden. Das ist doof und langweilig!

Ich glaube, dass wir alle elektrische Autos fahren werden. Das ist sehr praktisch und gut für die Umwelt. Elektrische Autos werden sehr wichtig sein.

Hör zu und lies.

:) Mein Tagebuch

Heute bin ich viel zu spät aufgestanden — erst um halb neun. Zuerst habe ich schnell gefrühstückt und einfach vier grüne Tabletten mit Cornflakes-Geschmack gegessen.

Dann habe ich meine Aufgaben für die Schule gemacht, das machen heutzutage alle zu Hause am Computer. Wir gehen nicht zur Schule, weil alle deutschen Teenager im Internet lernen und nur ganz selten die Lehrer treffen. Zu Hause haben wir zwei Computer — einen für meinen Bruder und einen für mich. Am liebsten hätte ich gern zwei Computer (einen nur für Filme und Spiele und einen für Schularbeiten), aber ich habe nicht genug Platz in meinem Zimmer.

Heute hatte ich Mathe, Englisch und Erdkunde. Erdkunde finde ich am interessantesten, ich arbeite in einer Internet-Gruppe mit Schülern aus Mexiko. Wir machen zusammen ein internationales Projekt. Dafür ist es wichtig, dass ich Spanisch lerne. Aber Spanisch ist nicht mein Lieblingsfach, weil ich es schwierig finde!

Heute Nachmittag bin ich in die Stadt gefahren, um meinen Freund Alix zu besuchen. Ich treffe mich gern mit Alix, weil es zu Hause manchmal zu langweilig ist. Immer wenn es regnet, fahre ich mit dem elektrischen Bus in die Stadt. Wir haben kein Auto, weil meine Eltern denken, dass Autos schlecht für die Umwelt sind. Das ist schade — Autos fahren sehr schnell (400 km pro Stunde, und es macht Spaß, wenn ich mit dem Auto fahre!)

Zu Abend haben wir Energiesuppe aus der Mikrowelle gegessen und Multi-Vitamin-Saft getrunken. Danach habe ich ferngesehen. Wir haben 980 Fernsehkanäle, aber es war nicht sehr interessant. Gegen zehn Uhr bin ich ins Bett gegangen, aber vorher habe ich mein Mini-Radio in mein Ohr gesteckt. Damit kann ich im Schlaf Englisch lernen. Toll, nicht?

Morgen Nachmittag werde ich Scharfball spielen, darauf freue ich mich schon.

Gute Nacht! Schala

24. Mai 2050

Lies den Text noch mal und beantworte die Fragen.

1 What did Schala, the girl from the future, eat for breakfast?
2 Where do Schala and her brother go to school?
3 What would Schala most like? Why?
4 What kind of project is she doing in Geography at the moment?
5 Why don't Schala's parents have a car?
6 Would Schala like to have a car? Why?
7 What does Schala say about the television in 2050?
8 How does she learn English at night?

 ECHO • Detektiv

Using the perfect tense with separable verbs

To make past participles with separable verbs put the **ge** between the two parts of the verb!

fernsehen →
Ich habe **fern**gesehen
aufstehen →
Ich bin **auf**gestanden

Lern weiter ➡ 6.15, Seite 123

Du bist ein Teenager der Zukunft. Schreib dein Tagebuch.

You are a teenager of the future. Write your diary. (Use Schala's diary for ideas and useful phrases. You can also find new words in the dictionary.)

Beispiel: 4. Juni 2080

       Ich bin um neun Uhr aufgestanden. Zuerst ...

Einladungen

Möchtest du …
  zu meiner Party kommen?

  zum Fußballspiel gehen?

  angeln gehen?
  Tennis spielen?
  schwimmen gehen?
  in die Stadt gehen?
  ins Kino gehen?
Ja, gern.
Nein, es tut mir Leid.
Ich kann nicht.
Warum?
Ich wasche mir die Haare.

Ich besuche meine Oma.
Ich habe Fußballtraining.
Ich helfe zu Hause.
Ich übe Klavier.
Weil …
  ich mir die Haare wasche.

  ich meine Hausaufgaben mache.

  ich meine Oma besuche.

  ich Fußballtraining habe.

  ich zu Hause helfe.
  ich Klavier übe.

Wie schade!
Kannst du am Dienstag kommen?

Wann treffen wir uns?
Um … Uhr.

Invitations

Would you like to …
  come to my party?

  go to the football game?

  go fishing?
  play tennis?
  go swimming?
  go into town?
  go to the cinema?
Yes, I'd like to.
No, I'm sorry.
I can't.
Why?
I'm washing my hair.

I'm visiting my Grandma.
I've got football training.
I'm helping at home.
I'm practising the piano.
Because…
  I'm washing my hair.

  I'm doing my homework.

  I'm visiting my Grandma.

  I've got football training.

  I'm helping at home.
  I'm practising the piano.

What a shame!
Can you come on Tuesday?

When shall we meet?
At … o'clock.

Kleidung

der Rock
die Baseballmütze
die Bluse

Clothes

skirt
baseball cap
blouse

die Hose — *trousers*
die Jacke — *jacket*
das Hemd — *shirt*
das Kleid — *dress*
das T-Shirt — *t-shirt*
die Jeans — *jeans*
die Schuhe — *shoes*
die Stiefel — *boots*
bequem — *comfortable*
gepunktet — *spotted*
gestreift — *striped*
glitzernd — *sparkly*
kariert — *checked*
blau — *blue*
gelb — *yellow*
grün — *green*
rot — *red*
schwarz — *black*
weiß — *white*

Ich werde … tragen.
  den (kurzen Rock)
  die (lange Hose)
  das (gestreifte Hemd)
  die (schwarzen Schuhe)

I will wear …
  the (short skirt).
  the (long trousers).
  the (striped shirt).
  the (black shoes).

Partys

Was esst ihr?
Wir essen heiße Würstchen.
Was trinkt ihr?
Wir trinken Orangensaft.
Was spielt ihr?
Wir spielen ein neues Computerspiel.
Was seht ihr?
Wir sehen einen Film.
Was hört ihr?
Wir hören eine CD.
Sie hat einen roten Rock getragen.
Er hat eine gestreifte Jacke getragen.

Parties

What are you eating?
We're eating hot sausages.

What are you drinking?
We're drinking orange juice.

What are you playing?
We're playing a new computer game.

What are you watching?
We're watching a film.
What are you listening to?
We're listening to a CD.
She wore a red skirt.

He wore a striped jacket.

Sie hat ein blaues Hemd getragen.	*She wore a blue blouse.*
Er hat schwarze Schuhe getragen.	*He wore black shoes.*

Mein Tagesprogramm / *My daily routine*

Ich wache auf.	*I wake up.*
Ich stehe auf.	*I get up.*
Ich wasche mich.	*I wash myself.*
Ich ziehe mich an.	*I get dressed.*
Ich frühstücke.	*I have breakfast.*
Ich gehe in die Schule.	*I go to school.*
Ich komme nach Hause.	*I come home.*
Ich mache meine Hausaufgaben.	*I do my homework.*
Ich esse zu Abend.	*I have supper / dinner.*
Ich sehe fern.	*I watch TV.*
Ich gehe ins Bett.	*I go to bed.*
am Wochenende	*at the weekend*
während der Woche	*during the week*
morgens	*in the morning*
nachmittags	*in the afternoon*
abends	*in the evening*
zuerst	*first*
dann	*then*
danach	*after that*
zum Schluss	*finally*

Probleme / *Problems*

Kannst du mir helfen?	*Can you help me?*
Meine Eltern sind zu müde und launisch.	*My parents are too tired and moody.*
Du musst zu Hause helfen.	*You must help at home.*
Mein Lehrer / Meine Lehrerin ist zu streng.	*My teacher is too strict.*
Du musst deine Hausaufgaben machen.	*You must do your homework.*
Meine Freunde sind unfair.	*My friends are unfair.*
Ich bin zu schüchtern.	*I'm too shy.*
Du solltest neue Freunde finden.	*You should find new friends.*
Ich bin nicht fit.	*I'm unfit.*

Du solltest mehr Sport machen.	*You should do more sport.*
Meine Kleidung ist alt und nicht cool.	*My clothes are old and uncool.*
Du musst neue Kleidung kaufen.	*You must buy new clothes.*
Ich hatte Fußballtraining.	*I had football training.*
Ich hatte viel Geld.	*I had lots of money.*

Strategie 5

More ideas – what works for you?

Now that you're in your second year of German, it's good to find some ways of learning new vocabulary which are successful for you.

- Sing or rap your list of words, using the tune from a song that you know well.
- Teach new words to a member of your family.
- Make individual cards with new words on (German on one side and English on the other). Have a race against the clock to see how many words you can translate from German to English. Then try the same words from English to German.

6 Austausch

1 Was willst du machen? Saying what you want to do, using *ich will* and *wir wollen*
Practising the Time-Manner-Place rule

 hören 1 **Hör zu. Was passt zusammen? (1–8)**
Beispiel: 1 c

Ich will in die Stadtmitte fahren.

Ich will einkaufen gehen.

Ich will Skateboard fahren.

Ich will ins Kino gehen.

Wir wollen eine Bootsfahrt machen.

Wir wollen ein Fußballspiel sehen.

Wir wollen in die Spielhalle gehen.

Wir wollen ein Picknick machen.

 hören 2 **Hör zu. Schreib die Tabelle ab und füll sie aus. (1–6)**

	Tag?	Was? / Wo?	Am Morgen / Nachmittag / Abend?
1			

⊙ ECHO•Detektiv

Modal verb: wollen = *to want*

ich will	*I want*
du willst	*you want*
er / sie will	*he / she wants*
wir wollen	*we want*

Use **wollen** with an infinitive at th
end of the sentence:
Ich **will** ins Kino **gehen**.
I want to go to the cinema.

Lern weiter ➡ 6.5, Seite 11

sprechen 3 **Gruppenarbeit. Mach sieben Pläne für die Woche.**
Make seven plans for the week.

- ■ Was willst du am (Montag) machen?
- ● Ich will (einkaufen gehen).
- ◆ O.K. Wann machen wir das?
- ▲ Am (Nachmittag)?
- ■ *[writes: Montag – einkaufen – Nachmittag]*
- ● Was willst du am (Dienstag) machen?

schreiben 4 **Was willst du dieses Wochenende machen? Schreib fünf Sätze.**

Ich will am	Samstagmorgen Sonntagnachmittag Samstagabend	schwimmen / einkaufen / in die Spielhalle	gehen.
		in die Stadtmitte / Skateboard	fahren.
		eine Bootsfahrt / ein Picknick	macher
		ein Fußballspiel	sehen.

lesen 5

Lies die E-Mail. Sieh dir die Bilder aus Aufgabe 1 an. Wann machen sie das?
Beispiel: a am Montagmorgen

Hallo Clique! Wir haben Besuch aus England! Unsere Austauschpartner, Emily und Josh! Sie kommen aus Watford – das ist eine Stadt in Südengland.
Wir wollen diese Woche viel machen. Also, hier sind die Pläne:
Wir fahren am Montagmorgen mit der S-Bahn in die Stadtmitte. Dort wollen wir einkaufen gehen. Danach gehen wir in die Spielhalle.
Wir fahren am Dienstagnachmittag mit dem Bus zum Skatepark. Josh kann sehr gut Skateboard fahren und er will uns ein Paar Tricks zeigen.
Wir machen am Mittwochmorgen eine Bootsfahrt. Das Boot fährt um halb zehn ab und die Fahrkarten kosten drei Euro, also wollen wir pünktlich dort sein.
Wir gehen am Donnerstagabend ins Kino. Wir wollen *Spider-Man 4* sehen und wir treffen uns um halb sechs vor dem Skala-Kino.
Wir fahren am Freitagnachmittag mit dem Rad zum Park. Wir wollen dort ein Picknick machen. Alle müssen etwas mitbringen, zum Beispiel Chips, Brötchen, Cola oder Limo.
Wir gehen am Samstagmorgen einkaufen, weil wir Souvenirs kaufen wollen. Wir sehen am Samstagnachmittag ein Fußballspiel: Stuttgart gegen Bochum. Ein Ticket kostet zwölf Euro. Wir wollen um zehn Uhr mit der U-Bahn zum Stadion fahren, also kommt bitte um zehn vor zehn zur U-Bahnstation.
Bis bald! Marta + Thomas

lesen 6

Lies die E-Mail noch mal. Beantworte die Fragen auf Deutsch.

1 Woher kommen Emily und Josh?
2 Wie fahren sie am Dienstag zum Skatepark?
3 Wie viel kostet die Bootsfahrt am Mittwoch?
4 Was wollen sie am Donnerstag sehen?
5 Wo wollen sie am Freitag ein Picknick machen?
6 Wohin wollen sie am Samstag fahren?

> die Clique = *group of friends*
> wir haben Besuch = *we've got a visitor / visitors*
> ein paar = *a few*
> wir treffen uns = *we're meeting*
> mitbringen = *to bring along*

◎ ECHO • Detektiv

Time – Manner – Place

	Time (when?)	Manner (how?)	Place (where?)
Wir fahren	am Sonntag	mit dem Rad	in die Stadtmitte.

Lern weiter ➡ 8.3, Seite 126

> Wir fahren am … mit …
> zum Park / Stadion / Skatepark
> in die Stadtmitte

schreiben 7

Sieh dir die Bilder an. Schreib eine E-Mail. *Use your own ideas to decide what you will do in each place.*
Beispiel: Hallo, Clique! Deutschland ist toll! Wir fahren am Dienstag mit dem Bus zum Stadion. Dort wollen wir Fußball spielen.

1 Di
2 Mi
3 Do
4 Fr

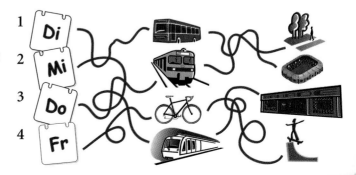

hören 1 **Lies die Sätze. Dann hör zu. Was ist die richtige Reihenfolge? (1–6)**
Beispiel: **1** f

a

Emily und Marta sind zum Alten Schloss gegangen.

b

Sie sind zum Schlossplatz gegangen.

c

Sie sind zur Markthalle gegangen.

d

Sie sind zur Königstraße gegangen.

e

Sie sind zum Marktplatz gegangen.

f

Sie sind zum Hauptbahnhof gefahren.

Most German cities were heavily bombed in World War 2 (1939–45) and many old buildings were destroyed (*zerstört*). Many of them have now been rebuilt (*wieder aufgebaut*).

ALTES SCHLOSS
941 GEBAUT
1944 ZERSTÖRT
1969 WIEDER AUFGEBAUT

⊚ ECHO • Detektiv

***zu* + dative**

m	**der** Bahnhof	→ **zum** (= zu dem) Bahnhof
f	**die** Markthalle	→ **zur** (= zu der) Markthalle
n	**das** Schloss	→ **zum** (= zu dem) Schloss

Lern weiter ➡ 3.2, Seite 115

hören 2

Hör noch mal zu. Wo waren sie und was haben sie gekauft? (1–6)
Beispiel: 1 am Kiosk – einen Stadtplan

an der Brezelbude
am Kiosk   im Kaufhaus
in der Konditorei
in der Markthalle
im Souvenirladen

einen Stadtplan
eine Brezel
eine Bratwurst
ein Stück Kuchen
Geschenke
Postkarten

sprechen 3

Partnerarbeit: Memoryspiel.

- ■ Sie haben an der Brezelbude eine Brezel gekauft ….
- ● Sie haben an der Brezelbude eine Brezel gekauft und sie haben im Kaufhaus Geschenke gekauft …

 **ECHO • Detektiv**

Using the perfect tense with *sie* (they)

Sie haben	gekauft.
Sie sind	gegangen / gefahren.

hören 4

Hör noch mal zu. Was ist richtig?

1 Der Hauptbahnhof ist *ziemlich groß* / **sehr klein** / *sehr groß*.
2 In der Königstraße gibt es *viele Autos* / **viele Geschäfte** / *keine Menschen*.
3 Die Brezel war *eklig* / **lecker** / *O.K.*
4 Im Sommer gibt es am Schlossplatz *Fußballspiele* / **Theaterstücke** / *Rockkonzerte*.
5 Der Kuchen war *gut* / **schlecht** / *lecker*.
6 Das Alte Schloss ist *180* / **800** / *1800* Jahre alt.
7 Das Kaufhaus Breuninger ist *sehr* / **ziemlich** / *nicht sehr* groß.
8 Das Kaufhaus Breuninger ist *am Schlossplatz* / **am Marktplatz** / *in der Markthalle*.

schreiben 5

Schreib einen Text mit deinen Antworten. *Use your answers to exercises 1, 3 and 4 to write a text about Emily's and Marta's shopping trip.*
         Beispiel:

Use *zuerst* / *dann* / *danach* / *zum Schluss* to show the order in which things happened.

Emily und Marta haben einen Spaziergang in Stuttgart gemacht. 1 <u>Zuerst</u> sind 2 <u>sie</u> zum Hauptbahnhof gefahren 3 <u>und</u> sie haben am Kiosk einen Stadtplan gekauft. Der Hauptbahnhof 4 <u>ist</u> ziemlich groß. Dann sind sie …

2 Use *sie* to avoid repeating *Emily und Marta* all the time.

3 Use *und* to make some short sentences into longer ones.

Give general information about places in the present tense.

hören 1 Hör zu und lies. Welches Bild ist das?
Beispiel: 1 b

Hallo Freunde!

Wie geht's? Uns geht es prima! Österreich gefällt mir! Das Wetter ist gut – warm und sonnig. Es ist wunderschön hier – der Campingplatz ist mitten in den Bergen.

1 Ich habe schon sehr viel gemacht: Ich bin am Montag Wildwasser gefahren. Das war spannend! Leider fährt Sophie nicht gern Wildwasser. Ich habe auch eine Mountainbiketour gemacht.

2 Ich bin vorgestern Kajak gefahren. Das war ziemlich schwierig, aber es hat Spaß gemacht. Das Wasser war sehr kalt und ich hatte nachher Kopfschmerzen – brrr!

3 Und gestern – was habe ich gestern gemacht? Ach ja, ich bin mit dem Bus nach Krems gefahren, um die Stadt zu sehen. Krems ist eine alte Stadt – sehr schön und historisch, aber ein bisschen langweilig. Ich habe dort einen Spaziergang gemacht und Sophie hat viele Fotos gemacht. Ich hatte auch Hunger, ich bin also ins Café Mozart gegangen und habe dort Kuchen gegessen. Leider war das Wetter schlecht – es hat geregnet. Das war schade.

4 Heute ist Ruhetag. Ich faulenze jetzt in der Sonne – super! Sophie macht wieder Fotos!

5 Morgen werde ich windsurfen gehen – das macht echt Spaß, finde ich, aber Sophie mag das nicht!

6 Übermorgen werden wir einen Reitkurs machen. Das gefällt mir nicht, aber Sophie liebt Pferde und geht gern reiten, … na ja …
Bis bald!
Euer Habib

> **es gefällt mir** = *I like it*
> **es gefällt mir nicht** = *I don't like it*
> **wieder** = *again*
> **nachher** = *afterwards*

lesen 2 Lies den Text noch mal.
Vergangenheit, Gegenwart oder Zukunft?
Read the texts again. Past, present or future?
Beispiel: 1 past

◎ ECHO • Detektiv

Past, present or future?

Past	Present	Future
• perfect tense	• present tense	• future tense (**werden** + infinitive) or present tense
• **war / hatte**	• expressions like **im Moment** (at present), **jetzt** (now)	• expressions like **morgen** (tomorrow), **übermorgen** (the day after tomorrow)
• expressions like **vorgestern** (the day before yesterday), **gestern** (yesterday)		

3 Hör zu und sieh die Bilder aus Aufgabe 1 an. Welches Bild ist das? Vergangenheit, Gegenwart oder Zukunft? (1–3)
Listen and look at the pictures in exercise 1. Which picture is it?
Past, present or future?
Beispiel: **1** b Vergangenheit, …

sprechen **4** Partnerarbeit. Welcher Tag ist heute?

Abenteuerzentrum Vorarlberg – Aktivitäten

Mo.	Mountainbiketour machen	oder	windsurfen gehen
Di.	Spaziergang machen	oder	Reitkurs machen
Mi.	Wildwasser fahren	oder	Spaziergang machen
Do.	Kajak fahren	oder	Mountainbiketour machen
Fr.	windsurfen gehen	oder	Wildwasser fahren
Sa.	Reitkurs machen	oder	Kajak fahren

■ Was hast du gestern gemacht?
● Ich (habe eine Mountainbiketour gemacht).
■ Was wirst du morgen machen?
● Ich werde (einen Reitkurs machen).
■ Heute ist (Freitag)!

Ich	habe	eine Mountainbiketour einen Segelkurs / Reitkurs / Spaziergang	gemacht.
	bin	klettern / windsurfen	gegangen.
		Kajak	gefahren.
Ich	werde	eine Mountainbiketour einen Segelkurs / Reitkurs / Spaziergang	machen.
		klettern / windsurfen	gehen.
		Kajak	fahren.

ECHO • Detektiv

Future tense = werden + infinitive

ich werde	I will
du wirst	you will
er / sie wird	he / she will
wir werden	we will

Lern weiter ➡ 6.18, Seite 124

schreiben **5** Du bist auf einer Klassenfahrt nach Österreich. Schreib einen Brief.

● Was hast du gestern und vorgestern gemacht?
● Was machst du jetzt?
● Was wirst du morgen und übermorgen machen?

✓ Mini-Test • Check that you can

❶ Say three things you want to do with a visitor to your area
❷ Describe your plans for a day out, using the Time-Manner-Place rule
❸ Give information about three places in your town
❹ Describe three things your friends did in town yesterday, using the perfect tense with *sie*
❺ Say what you did yesterday and the day before
❻ Say what you are going to do tomorrow and the day after

4 Das Stuttgart-Spiel
Playing a game in German
Talking about the past, present and future

hören 1

Hör zu und lies.

- ■ Ich bin dran. [throws 🎲] Ich habe eine Vier. Eins, zwei, drei, vier.
- ● Bronze, Silber oder Gold?
- ■ Bronze.
- ● Was machst du in Stuttgart?
- ■ Ich fahre Skateboard.
- ● Richtig. Einen Punkt. [throws 🎲]
  Ich habe eine Zwei. Eins, zwei.
- ■ Bronze, Silber oder Gold?
- ● Silber.
- ■ Was wirst du in Stuttgart machen?
- ● Ich werde ein Eis essen.
- ■ Richtig. Zwei Punkte.
  Ich bin dran. [throws 🎲]
  Ich habe eine Fünf.
  Eins, zwei, drei, vier, fünf.
- ● Bronze, Silber oder Gold?
- ■ Gold.
- ● Was hast du in Stuttgart gemacht?
- ■ Ich bin ins Kino gegangen.
- ● Richtig. Drei Punkte. Ich bin dran …

The winner is the player who gets the most points, not the one who gets to the finish first!

sprechen 2

Partnerarbeit. Spiel das Stuttgart-Spiel. Du brauchst einen .

Gold	🥇	Was **hast** du in Stuttgart **gemacht**?	3 Punkte
Silber	🥈	Was **wirst** du in Stuttgart **machen**?	2 Punkte
Bronze	🥉	Was **machst** du in Stuttgart?	1 Punkt
Falsch	⊗		0 Punkte

Start

1 eine Bootsfahrt machen

2 ein Eis essen

3 + 1 Punkt

4 Skateboard fahren

5 ein Fußballspiel sehen

10 − 2 Punkte

9 KINO — ins Kino gehen

8 ein Konzert sehen

7 + 2 Punkte

6 in die Stadtmitte fahren

11 Geschenke kaufen

12 einen Milchshake trinken

13 − 3 Punkte

14 im Park spazieren gehen

15 Kuchen essen

20 + 3 Punkte

19 Postkarten kaufen

18 schwimmen gehen

17 − 1 Punkt

16 zum Markt gehen

21 eine Bratwurst essen

22 c@fé — ins Internet-Café gehen

23 eine Radtour machen

24 + 2 Punkte

25 einen Kaffee trinken

Ziel

1

Hör zu. (1–8) Was sehen die Reporter und wo sind sie?
Welche Sportart sieht kein Reporter?

Beispiel: 1 Radrennen – Velodrom

Schlüssel

a = der Busbahnhof
b = die Wohnhäuser (für Sportler und Trainer)
c = das Velodrom
d = die Schwimmhalle
e = die Sporthalle (für Boxen und Taekwondo)
f = das Stadion
g = das Restaurant
h = das Verkehrsamt
i = das Wassersportzentrum
j = der Strand (für Beach Volleyball)

Beach Volleyball

Taekwondo

Wasserpolo

Leichtathletik

Boxen

Kanufahren

Radrennen

Rudern

Synchron schwimmen

 2

Hör zu. Schreib die Tabelle ab und füll sie aus. (1–4)

Name?	Woher?	Heute?	Gestern?	Morgen?	Meinung?
Frau Schmidt	Schweiz	Schwimmhalle	Boxen gesehen	Radrennen	toll

 3

Partnerarbeit. Interviews mit Sportfans.

Guten Tag. Wie heißen Sie?

Woher kommen Sie?

Was machen Sie heute im Olympiadorf?

Und gestern? Wie war das?

Und morgen?

Ich gehe	zum Strand / Stadion / Velodrom / Wassersportzentrum. zur Schwimmhalle / Sporthalle.
Ich bin ... gegangen.	
Ich sehe heute	Wasserpolo / Schwimmen / Leichtathletik.
Gestern habe ich ... gesehen.	
Es war	spannend / interessant / fantastisch / toll.
Morgen werde ich ... gehen / sehen.	

lesen 4

Lies die ersten zwei Absätze der Broschüre. Beantworte die Fragen.

1 Was gibt es im Olympiadorf für die Sportler?
2 Wie viele Personen können im Olympiastadion sitzen?
3 Wo liegt die Sporthalle?
4 Wo kann man Synchronschwimmen sehen?

Willkommen im Olympiadorf!

Das Olympiadorf ist das Zentrum für die Olympischen Spiele. Es gibt Wohnhäuser und Fitnessräume für die Sportler und Trainer. Es gibt auch sehr viel für Sportfans und Touristen!

Das große Olympiastadion hat 72 000 Sitzplätze. Hier kann man Leichtathletik sehen. Neben dem Stadion ist die Sporthalle für Boxen und Taekwondo. In der Schwimmhalle kann man Schwimmen, Wasserpolo und Synchronschimmen sehen. Es gibt auch den schönen Olympiasee.

Ein Tag im Olympiadorf

Mein Tag im Olympiadorf war toll! Am Morgen habe ich auf dem Olympiasee Rudern gesehen. Ich habe die deutsche Mannschaft gesehen – das war fantastisch! Dann, am Mittag, habe ich mit meinen Freunden im Olympia-Restaurant gegessen. Die Pizza war lecker. Wir haben Kelly Holmes, die britische Athletin gesehen! Sie war auch im Restaurant.

Am Nachmittag bin ich zur Sporthalle gegangen, um meinen Lieblingssport zu sehen. Ich bin ein großer Box-Fan und ich hatte eine Karte für das Halbfinale. Amir Khan hat nicht gewonnen, aber es war wirklich spannend.

Am Abend sind wir zum Olympiastadion gegangen. Dort haben wir das Diskuswerfen gesehen – der deutsche Athlet Florian Schönbeck war dabei. Die Atmosphäre war klasse! Zum Schluss sind wir um 22:00 Uhr mit dem Bus zum Hotel in der Stadtmitte gefahren.

Ich werde meinen olympischen Tag nie vergessen! In vier Jahren werde ich wieder kommen!

Tobi - Deutschland

lesen 5

Schreib die Info-Karte ab und füll sie aus.

Ein Tag im Olympiadorf

Name:	Tobi	
Land:		
Lieblingssport:		
Morgen	**Wo?**	Olympiasee
	Sport?	Rudern
	Meinung?	fantastisch
	Gesehen?	Die deutsche Mannschaft
Mittag	**Gegessen?**	
	Gesehen?	
Nachmittag	**Wo?**	
	Sport?	
	Meinung?	
	Gesehen?	
Abend	**Wo?**	
	Sport?	
	Meinung?	
	Gesehen?	
Kommt wieder? Ja ☐ / Nein ☐		

schreiben 6

Projekt: Olympiadorf

1 **Design your own plan of an Olympic village.**
 • Think what you could include. Decide whether to use a key.
2 **Prepare your own interviews with athletes and fans**
 • Note useful expressions and phrases from the recording in exercise 3.
 • Write your script carefully, making it as accurate as possible
 • Practise your roles: aim to sound as authentic as you can.
 • Record your interviews.
3 **Writing your own brochure**
 • Start by making an *Info-Karte* like the one opposite for a visit to your own *Olympiadorf*.
 • Use the brochure here, German websites and a dictionary to find German words you need and design ideas for your work.

Lernzieltest

Check that you can:

1
- Say three things you want to do on a day out, using *ich will* and *wir wollen*

  Ich will einkaufen gehen. Ich will in die Spielhalle gehen. Wir wollen ein Fußballspiel sehen.

- Ⓖ Describe a plan, using the Time-Manner-Place rule

  Wir fahren am Donnerstag mit dem Bus in die Stadtmitte.

2
- Ⓖ Describe three things some people did in town, using the perfect tense and *sie* (they)

  Sie sind zum Kaufhaus gegangen. Sie haben Geschenke gekauft. Sie haben ein Stück Kuchen gegessen.

- Use *zuerst*, *dann*, *danach* and *zum Schluss* to show the order in which things happened

  Zuerst sind sie zum Hauptbahnhof gefahren. Dann sind sie zum Marktplatz gegangen.

3
- Say what you did on an adventure holiday

  Ich bin windsurfen gegangen. Ich habe einen Reitkurs gemacht.

- Ⓖ Say what clues tell you that a text is about the past

  Perfect tense, war / hatte, time expressions like gestern *and* vorgestern

- Ⓖ Say what clues tell you that a text is about the future

  Future tense or present tense with time expressions like morgen *and* übermorgen

4
- Say three things you do in the local area

  Ich fahre Skateboard. Ich esse ein Eis. Ich gehe ins Internet-Café.

- Ⓖ Say you are going to do three things, using the future tense

  Ich werde Skateboard fahren. Ich werde ein Eis essen. Ich werde ins Internet-Café gehen.

- Ⓖ Say you did three things, using the perfect tense

  Ich bin Skateboard gefahren. Ich habe ein Eis gegessen. Ich bin ins Internet-Café gegangen.

5
- Ⓖ Ask three questions using *Sie*

  Wie heißen Sie? Woher kommen Sie? Was machen Sie heute?

- Give information about three things you did in the *Olympiadorf*

  Am Morgen bin ich zum Wassersportzentrum gegangen. Ich habe dort Rudern gesehen …

hören 1

Hör zu. Schreib die Tabelle ab und füll sie aus.

Wann?	Was?	Meinung?
Montag	Mountainbiketour	ziemlich anstrengend

sprechen 2

Partnerarbeit.

- ■ Was hast du (gestern) gemacht?
- ● …
- ■ Und was wirst du (morgen) machen?
- ● …

gestern morgen   vorgestern morgen   gestern übermorgen   heute Morgen heute Abend

lesen 3

Lies den Brief und beantworte die Fragen.

1 Welche Probleme gibt es mit der Klassenfahrt?
2 Was hat Karl am Freitag gemacht?
3 Warum war das langweilig?
4 Wie ist die Stadt Breege?
5 Wie war der Windsurfkurs?
6 Warum? (2 Sachen)
7 Was will Karl in Stralsund machen?
8 Was macht er am Dienstag?

Die Klassenfahrt ist furchtbar! Das Wetter ist schlecht, der Campingplatz ist ziemlich klein und das Essen ist eklig. Heute ist Sonntag.
Am Freitag sind wir Kajak gefahren. Das war langweilig – wir haben den ganzen Tag im Schwimmbad geübt! Am Samstag haben wir einen Spaziergang in Breege gemacht. Das war nicht sehr interessant, weil Breege ziemlich klein ist. Es gibt keine Spielhalle und kein Sportzentrum.
Gestern haben wir einen Windsurfkurs gemacht. Das war prima. Ich bin sehr schnell gefahren – es war ziemlich windig. Sophie war hoffnungslos – sie ist immer wieder ins Wasser gefallen. Das war lustig! Wir haben alle gelacht (Sophie auch).
Heute Nachmittag fahren wir nach Stralsund. Spitze! Stralsund ist eine schöne Stadt. Ich will einkaufen gehen. Am Dienstag fahren wir zurück nach Hause.   **Karl**

schreiben 4

Du machst eine Klassenfahrt in die Schweiz. Schreib einen Brief an deinen Brieffreund / deine Brieffreundin.

- ● Was hast du vorgestern und gestern gemacht?
- ● Wie war es?
- ● Was wirst du heute Abend und morgen machen?
- ● Wie findest du das?

Fr.	Windsurfen *prima!*
Sa.	Mountainbiketour *anstrengend!*
So. *heute*	Kino *lustig!*
Mo.	Ausflug nach St. Gallen *langweilig!*

Was willst du machen?

Ich will in die Stadtmitte fahren.
Ich will einkaufen gehen.
Ich will eine Bootsfahrt machen.
Ich will Skateboard fahren.
Ich will ein Fußballspiel sehen.
Ich will ins Kino gehen.

Ich will in die Spielhalle gehen.
Ich will ein Picknick machen.
Was willst du am (Montag) machen?
Wann machen wir das?
Wir machen das am (Morgen).
Wir fahren am (Montag) …
  mit dem Rad.
  mit dem Bus.
  mit der S-Bahn.
  mit der U-Bahn.
  zum Park.
  zum Stadion.
  zum Skatepark.
  zur Spielhalle.

Ein Spaziergang in der Stadt

Sie sind … gegangen.
  zum Alten Schloss
  zum Schlossplatz
  zur Markthalle
  zur Königstraße
  zum Marktplatz
  zum Hauptbahnhof
Sie haben am Kiosk einen Stadtplan gekauft.

What do you want to do?

I want to go into town.

I want to go shopping.

I want to go on a boat trip.
I want to go skateboarding.
I want to watch a football match.
I want to go to the cinema.
I want to go to the games arcade.
I want to have a picnic.
What do you want to do on (Monday)?
When shall we do that?
We'll do it in the (morning).
On (Monday) we're going …
  by bike.
  by bus.
  by tram.
  by tube.
  to the park.
  to the stadium.
  to the skatepark.
  to the games arcade.

A walk in town

They went …
  to the Old Castle
  to Castle Square
  to the indoor market
  to Königsstraße
  to Market Square
  to the main station
They bought a streetmap at the kiosk.

Sie haben an der Brezelbude eine Brezel gekauft.
Sie haben in der Konditorei ein Stück Kuchen gekauft.
Sie haben in der Markthalle eine Bratwurst gekauft.
Sie haben im Souvenirladen Postkarten gekauft.
Sie haben im Kaufhaus Geschenke gekauft.

Was hast du gestern gemacht?

Ich habe eine Mountainbiketour gemacht.
Ich habe einen Reitkurs gemacht.
Ich habe einen Spaziergang gemacht.
Ich bin windsurfen gegangen.
Ich bin Kajak gefahren.
Ich bin Wildwasser gefahren.

Was wirst du morgen machen?

Ich werde eine Mountainbiketour machen.
Ich werde einen Reitkurs machen.
Ich werde einen Spaziergang machen.
Ich werde windsurfen gehen.
Ich werde Kajak fahren.
Ich werde Wildwasser fahren.
im Moment
vorgestern
übermorgen

They bought a pretzel at the pretzel stand.

They bought a piece of cake at the cake shop.

They bought a bratwurst sausage at the indoor market.
They bought postcards at the souvenir shop.

They bought presents in the department store.

What did you do yesterday?

I went on a mountainbike ride.

I did a horseriding course.

I went for a walk.

I went windsurfing.

I went kayaking.
I went white water rafting.

What will you do tomorrow?

I'll go on a mountainbike ride.

I'll do a horseriding course.
I'll go for a walk.

I'll go windsurfing.

I'll go kayaking.
I'll go white water rafting.

at the moment
the day before yesterday
the day after tomorrow

Was machst du in Stuttgart?	*What are you going to do in Stuttgart?*
Ich mache eine Bootsfahrt.	*I'm going on a boat trip.*
Ich esse ein Eis.	*I'm going to eat an ice-cream.*
Ich fahre Skateboard.	*I'm going skateboarding.*
Ich sehe ein Fußballspiel.	*I'm going to watch a football match.*
Ich gehe ins Kino.	*I'm going to the cinema.*
Ich sehe ein Konzert.	*I'm going to see a concert.*
Ich fahre in die Stadtmitte.	*I'm going into town.*
Ich kaufe Geschenke.	*I'm going to buy presents.*
Ich trinke einen Milchshake.	*I'm going to drink a milkshake.*
Ich gehe im Park spazieren.	*I'm going for a walk in the park.*
Ich esse Kuchen.	*I'm going to eat cake.*
Ich kaufe Postkarten.	*I'm going to buy postcards.*
Ich gehe schwimmen.	*I'm going swimming.*
Ich gehe zum Markt.	*I'm going to the market.*
Ich esse eine Bratwurst.	*I'm going to eat a bratwurst sausage.*
Ich gehe ins Internet-Café.	*I'm going to the internet café.*
Ich mache eine Radtour.	*I'm going on a bike ride.*
Ich trinke einen Kaffee.	*I'm going to drink a coffee.*

Was wirst du in Stuttgart machen?	*What will you do in Stuttgart?*
Ich werde (eine Bootsfahrt machen).	*I'll (go on a boat trip).*
Ich werde (ein Eis essen).	*I'll (eat an ice cream).*
Ich werde (ins Kino gehen).	*I'll (go to the cinema).*

Was hast du in Stuttgart gemacht?	*What did you do in Stuttgart?*
Ich habe (eine Bootsfahrt gemacht).	*I (went on a boat trip).*
ein Eis gegessen.	*ate an ice-cream.*
ein Konzert gesehen.	*saw a concert.*
Geschenke gekauft.	*bought presents.*
einen Milchshake getrunken.	*drank a milkshake.*
Ich bin (Skateboard) gefahren.	*I went (skateboarding).*
ins Kino gegangen.	*went to the cinema.*
in die Stadtmitte gefahren.	*went into town.*

Im Olympiadorf	*In the Olympic village*
der Busbahnhof	*the bus station*
der Strand	*the beach*
die Sporthalle	*the sports hall*
das Stadion	*the stadium*
die Schwimmhalle	*the swimming pool*
das Verkehrsamt	*the tourist office*
das Velodrom	*the velodrome*
das Wassersportzentrum	*the water sports centre*
die Wohnhäuser	*the living quarters*
Ich gehe zum / zur …	*I'm going to the …*
Ich sehe heute …	*Today I'm watching …*
Wasserpolo.	*water polo.*
Schwimmen.	*swimming.*
die Leichtathletik.	*the athletics.*
Beach Volleyball.	*beach volleyball.*
Taekwondo.	*taekwondo.*
Boxen.	*boxing.*
Kanufahren.	*canoeing.*
Radrennen.	*cycling.*
Rudern.	*rowing.*
Synchroschwimmen.	*synchronised swimming.*

Strategie 6

Showing just how much you know

By the time you finish this book, think about just how much German you really know! There are lots of ways you could build a sentence with the phrase … *Spaghetti essen*. Just add *ich möchte*, *ich muss* or *ich kann*.

You could also add other phrases like *jeden Tag* (every day), *manchmal* (sometimes), *oft* (often), *ab und zu* (from time to time), *selten* (seldom), *nie* (never): *Ich muss oft Spaghetti essen*.

Give yourself two minutes and see just how many sentences you can write down including the phrase '… Gitarre spielen'.

lesen 1

Wie ist es richtig? Schreib die Paare aus.
Find the correct pairs and write them out.

> Er heißt Oliver.

> Ich spiele Federball.

Wie heißt er?
Wo wohnt sie?
Wie alt bist du?
Wann hat sie Geburtstag?
Was machst du im Winter?

> Ich bin dreizehn Jahre alt.

> Sie wohnt in Salzburg.

> Sie hat am ersten Mai Geburtstag.

lesen 2

Finde zwei Bilder. *Find two pictures.*
Beispiel: 1 b, …

1 Der Winter ist meine Lieblingsjahreszeit. Ich faulenze zu Hause.
2 Im Herbst geht meine Schwester gern in die Stadt.
3 Im Frühling spielt mein Freund Markus Tennis.
4 Siehst du im Sommer fern?

a
b
c
d
e
f
g
h

schreiben 3

Schreib die Partizipien auf. *Find and write down the six past participles hidden here. (Clue: look at every second letter!)*

gespielt

gxezsxpzixezlxtzgzexwzoxhznmxtzgxezkxazuxfztxgzexgzaxnzgxeznxgxezsxezhxeznxgzexmzaxczhxtz

schreiben 4

Schreib Sätze für die Bilder mit den Partizipien.
Use the participles you found to complete a caption for each picture.
Beispiel: 1 Ich habe in einem Hotel gewohnt.

1
2
3
4
5
6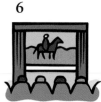

> Ich habe einen Film …

> Ich habe in einem Hotel …

> Ich habe Fitnesstraining …

> Ich habe Volleyball …

> Ich habe Bonbons …

> Ich bin schwimmen …

lesen 1

Lies den Text. Schreib Kais Familienstammbaum ab und füll ihn aus.
Read the text. Copy Kai's family tree and fill in the names.
Beispiel: **1** Oma, Marianne

Hallo! Ich bin Kai. In den Sommerferien war ich
mit meiner Familie in Spanien. Mein Cousin Paul
war auch mit seiner Familie dort. Naja, es war
O.K.

Ich bin jeden Tag mit meiner Mutter, Ulrike,
schwimmen gegangen. Ich bin mit Tante Christina in
die Stadt gegangen. Sie kann nicht gut Spanisch
sprechen - das ist so lustig!

Ich habe mit Onkel Johannes und mit meinem
Stiefvater Mark Golf gespielt - das finde ich so
langweilig.

Jeden Abend habe ich mit Paul Volleyball gespielt.
Es war sehr sonnig und Paul war ganz rot und
sehr launisch. Meine Schwester Anja isst gern
Paella, aber die Paella hat nicht so gut
geschmeckt und dann war meine Schwester krank.

Meine Oma, Marianne, findet das Wetter in
Spanien zu heiß. Sie war jeden Tag mit dem Baby
(mit meiner kleinen Cousine Iris) in der Wohnung.

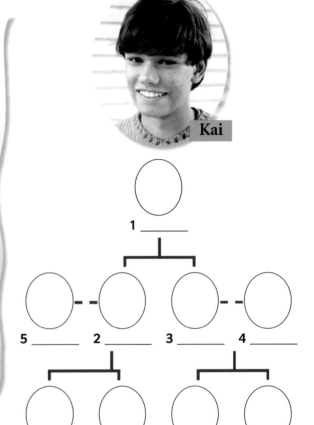

Kai

1 _____

5 _____   2 _____   3 _____   4 _____

6 __Kai__   7 _____   8 _____   9 _____

lesen 2

Lies den Text noch mal. Wer ist das?
Beispiel: **1** Paul

1 Ich habe mit Kai Volleyball gespielt.
2 Ich finde das Wetter in Spanien zu heiß.
3 Ich finde Golf langweilig.
4 Mein Spanisch ist nicht gut.
5 Mein Cousin war rot und launisch.
6 Ich bin jeden Tag mit Kai schwimmen gegangen.
7 Ich habe Paella gegessen.
8 Ich habe mit Kai Golf gespielt.

schreiben 3

Beantworte die Fragen.

1 Was machst du mit deinen Freunden im Sommer?

4 Wo hast du gewohnt?

2 Wo warst du in den letzten Sommerferien?

3 Wie war es?

5 Was hast du gemacht?

lesen 1   Wo kaufst du ein? Füll die Lücken aus.

1 _ u _ _ kl _ _ _ n

2 _ r _ _ _ r _ e

3 _ e _ _ _ g _ r _ i

4 _ _ c _ _ r _ i

5 M _ _ _ _ g _ _ c _ _ _ t

6 _ p _ _ _ g _ s _ _ _ _ t

lesen 2   Wo kauft man das? Wie viel hat es gekostet?
Where do you buy that? How much did it cost?
Beispiel: **a** Metzgerei, €2,40

a Ich habe 500 Gramm Schinken gekauft. Das hat zwei Euro vierzig gekostet.

b Ich habe Make-up gekauft. Das hat drei Euro fünfzig gekostet.

c Ich habe neue Jeans gekauft. Das hat fünfzig Euro gekostet.

d Ich habe zwei CDs für meinen Bruder gekauft. Das hat zweiundzwanzig Euro gekostet.

e Ich habe einen Fußball gekauft. Das hat zwölf Euro gekostet.

f Ich habe vier Brötchen gekauft. Das hat ein Euro dreißig gekostet.

schreiben 3   Schreib eine Einkaufsliste.
Write a shopping list.
Beispiel: fünf Orangen
  sechs ...

500 g

100 g

lesen 4   Was passt zusammen?
Beispiel: **1** b

1 Wie viel Taschengeld bekommst du?
2 Was kaufst du?
3 Worauf sparst du?
4 Wie viel Geld verdienst du?
5 Wo gehst du einkaufen?

a Ich kaufe <u>Kleidung</u> und <u>Computerspiele</u>.
b Ich bekomme <u>fünfzehn</u> Euro pro Woche.
c Ich spare auf <u>einen Musik-Player</u>.
d Ich kaufe oft im <u>Modegeschäft</u> ein.
e Ich verdiene <u>fünf</u> Pfund pro Woche.

schreiben 5   Beantworte die fünf Fragen oben. Verändere die unterstrichenen Wörter.
Write your own answers to the five questions above. Change the underlined words.

schreiben 1

Wie ist es richtig? *Write the menu out correctly.*

Café am Theater
Speisekarte

Vorspeise
Schokoladentorte
Steak mit Champignons und Kartoffeln

Hauptgericht
Milchshake
Kleiner Salat mit Tomaten und Zwiebeln

Nachtisch
Fisch mit Reis
Mineralwasser oder Apfelsaft

Getränke
Hähnchensuppe
Erdbeeren mit Vanilleeis

schreiben 2

Was haben sie im Café am Theater gegessen?
a Ich habe als Vorspeise Hähnchensuppe gegessen. ...

a   **b**   **c**

lesen 3

Lies den Text und beantworte die Fragen in ganzen Sätzen.
Beispiel: 1 Steffi wohnt in Sachsen, im Osten von Deutschland.

Taschengeld

Hi! Ich heiße Steffi Ellberg. Ich wohne in einem kleinen Dorf in Sachsen, im Osten von Deutschland. Ich bekomme von meiner Mutter dreißig Euro Taschengeld pro Woche – das finde ich ziemlich gut. Meine Mutter kauft auch meine Schulkleidung.

Wir haben ein kleines Geschäft im Dorf und ich kaufe dort Bonbons und Zeitschriften.

Am Wochenende fahre ich mit meinen Freunden mit dem Bus in die Stadt. Wir kaufen oft im Modegeschäft ein.

Letztes Wochenende habe ich einen blauen Minirock gekauft. Er ist so schick! Er hat nur zwanzig Euro gekostet. Meine Freundin Angelika hat tolle Sportschuhe gekauft.

Tja, sparen finde ich schwierig. Ich möchte ein neues Handy kaufen, also spare ich fünf oder zehn Euro pro Woche, aber das geht nicht schnell!

1   Wo wohnt Steffi?
2   Wie viel Taschengeld bekommt sie?
3   Was kauft sie im Dorf?
4   Wie fährt sie in die Stadt?
5   Was hat der neue Minirock gekostet?
6   Wie viel Geld spart Steffi pro Woche?

lesen 4

Can you find five compound nouns (made of two words put together) in the article about Steffi? Translate them into English.
Beispiel: Schulkeidung (Schul + Kleidung) – school clothes

lesen 1

Bilde sechs zusammengesetzte Wörter für Fernsehsendungen.
Make six words for TV programmes.

Sport Seifen
Kinder
Tier Nach
Dokumentar

sendung
oper richten
film sendung
sendung

schreiben 2

Vervollständige die Sätze. *Choose an ending for each sentence about yourself.*
Beispiel: 1 Ich sehe gern Musiksendungen.

1 Ich sehe gern *Seifenopern* / *Komödien* / *Musiksendungen*.
2 Meine Lieblingssendung ist *eine Sportsendung* / *eine Tiersendung* / *eine Seifenoper*.
3 Ich sehe nicht so gern *Tiersendungen* / *Dokumentarfilme* / *die Nachrichten*.
4 Ich finde *Musiksendungen* / *Kindersendungen* / *Dokumentarfilme* langweilig.
5 Am liebsten sehe ich *Filme* / *Seifenopern* / *Sportsendungen*.

lesen 3

Was passt zusammen?
Beispiel: c – 4, …

Was mache ich am Wochenende?
Ich gehe manchmal mit meiner
Mutter einkaufen. Wir gehen
samstags um zehn Uhr zum
Supermarkt in die Stadt.

Ich schicke gern SMS — das mache ich
oft um sechs Uhr abends. Ich spiele auch
Basketball. Das spiele ich immer im
Sportzentrum um Viertel nach zwei.

Ich sehe manchmal fern. Am liebsten sehe ich
„Die Sportschau". Das ist natürlich eine
Sportsendung, um Viertel vor acht am
Samstagabend. Ich übe oft am Sonntagnachmittag
um halb fünf mit meinen Freunden Gitarre, aber
ich spiele nicht sehr gut!

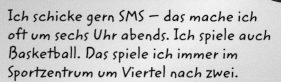

1 2 3 4 5

lesen 4

Lies den Text noch mal. Wie oft macht er das?
Read the text again. How often does he do each thing (always, sometimes or never)?
*Beispiel: **a** sometimes*

lesen 1

Schreib die Sätze zu Ende.

1 Wir sehen nicht so gern die ___ . Wir sehen lieber ___ .
2 Ich mache nicht so gern meine ___ . Am liebsten spiele ich ___ .
3 Gestern Abend hat Anja ___ gehört, aber sie besucht lieber ___ .
4 Meine Brüder üben gern ___ , aber am liebsten gehen sie ___ .
5 Ich helfe nicht so gern ___ . Ich surfe lieber ___ .

> Kino   Nachrichten
> Fußball   zu Hause
> ins Sportzentrum
> Seifenopern
> Musik   im Internet
> Hausaufgaben
> ihre Freunde
> Gitarre

lesen 2

Wie ist die richtige Reihenfolge?

Beispiel: d, ...

a Wir sind um acht Uhr morgens mit dem Auto von Manchester zum Freizeitpark „Alton Towers" gefahren. Ich habe im Auto ein Buch gelesen. Ich habe auch Musik gehört und Schokolade gegessen. James hat auch gelesen, Rachel hat SMS geschickt und Ben hat geschlafen. Meine Mutter fährt ziemlich schnell auf der Autobahn und die Reise war nicht zu lang!

b Schreib bald!
Dein Richard

c Der Tag im Freizeitpark war wirklich toll. Wir haben sehr viel gemacht und sehr viel gegessen. Ich habe ein T-Shirt und einen Kuli gekauft. Wir sind um 17:30 Uhr nach Hause gefahren und ich war sehr müde.

d Hallo Jürgen! Wie geht's? Was hast du am Wochenende gemacht?

e Es war mein Geburtstag und ich bin mit meinen Freunden zum Freizeitpark „Alton Towers" gefahren. Es war fantastisch!

lesen 3

Richtig (R), falsch (F) oder nicht im Text (N)?

1 Richard ist von Manchester zum Freizeitpark „Alton Towers" gefahren.
2 Er ist mit dem Bus gefahren.
3 Richard ist dreizehn.
4 James hat im Auto gelesen.
5 Die Reise war sehr lang.
6 Der Freizeitpark war sehr gut.
7 Richard hat ein T-Shirt gekauft.
8 Er ist um halb fünf nach Hause gefahren.

schreiben 4

Sieh dir die Bilder. Schreib den Text neu aus.

Look at the pictures. Write out the text again using the pictures.
Wir sind mit dem Bus ...

Wir sind mit dem Zug nach Stuttgart gefahren. Im Zug haben wir eine Banane und Pommes gegessen. Wir haben auch Limo getrunken. Die Reise war ziemlich lang. Wir haben im Zug Filme gesehen. Wir haben auch getanzt. Stuttgart war toll!

Schreib die Wörter auf. Finde die Paare.
Beispiel: der Kopf – a

derkopfdienasedieohrenderhalsderrückenderarmdiehandderfingerderbauchdasbeindaskniederfuß

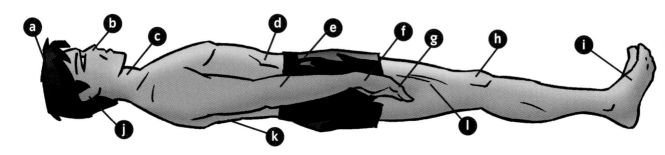

schreiben 2

Was passt zusammen? Schreib die Sätze aus.
What goes together? Write out the sentences.
Beispiel: **1** Wenn ich einkaufen gehe, kaufe ich CDs.

1   Wenn ich einkaufen gehe, …
2   Wenn ich Kopschmerzen habe, …
3   Wenn ich ins Kino gehe, …
4   Wenn ich Halsschmerzen habe, …
5   Wenn das Wetter sonnig ist, …

a spreche ich nicht.

b kaufe ich CDs.

c nehme ich Tabletten.

d esse ich Popcorn.

e gehe ich schwimmen.

f spiele ich Tennis

lesen 3

Lies die Texte und beantworte die Fragen.

Ich bin selten krank. Ich bin fit und sportlich. Ich spiele jede Woche Basketball und ich gehe manchmal schwimmen. Ich esse jeden Tag Obst, zum Beispiel Äpfel und Bananen. Das ist gesund.
       Anika

Ich bin nicht sportlich und ich mache nur einmal pro Woche Sport. Das ist in der Schule. Ich trinke ab und zu Mineralwasser, aber das finde ich langweilig. Ich trinke lieber Cola. Mein Lieblingsessen ist Schokolade – das ist natürlich nicht so gesund.
       Otto

1   Wie oft ist Anika krank?
2   Wie oft spielt sie Basketball?
3   Wie oft geht sie schwimmen?
4   Wie findet sie Obst?

5   Wie oft macht Otto Sport?
6   Wie oft trinkt er Mineralwasser?
7   Wie findet er das?
8   Was ist sein Lieblingsessen?

lesen 1

Schreib die Tabelle ab und füll sie auf Englisch aus.

Patient	Problem	How long for
Herr Grau		

Herr Braun kann nicht Rad fahren. Sein Rücken tut seit vier Tagen weh.

Herr Grau hat seit zwei Tagen Ohrenschmerzen und Fieber.

Herr Rot hat seit gestern Kopfschmerzen und kann nicht schlafen.

Herr Schwarz hat seit einer Woche Schnupfen und Halsschmerzen.

Herr Weiß hat seit drei Tagen Bauchschmerzen und kann nichts essen.

lesen 2

Was passt zusammen?
Beispiel: 1 Herr Schwarz

1 Er muss zweimal am Tag diese Halsbonbons nehmen.
2 Er muss dreimal am Tag diese Kopfschmerztabletten nehmen.
3 Er muss für zwei Tage im Bett bleiben.
4 Er muss Wasser und Tee trinken.
5 Er muss jeden Morgen dieses Ohrenmedikament nehmen.

lesen 3

Lies das Interview und finde die Informationen.
Beispiel: 1 Football

Ralf Rumker

ⓐ Was machst du, um fit zu bleiben?

Wenn ich zu Hause bin, mache ich Fitness. Ich trainiere auch dreimal pro Woche mit der Mannschaft im Stadion. Nächste Woche spiele ich mit meinem Bruder Squash. Ich trinke keinen Alkohol.

ⓑ Was isst du zum Frühstück?

Zum Frühstück esse ich oft Obst – eine Banane mit Joghurt oder eine Orange. Das finde ich lecker und es ist auch gesund. Ich habe immer Hunger, also esse ich auch Brot mit Wurst oder Schinken. Heute habe ich auch Käse gegessen.

ⓒ Und was trinkst du?

Ich trinke nie Kaffee – das finde ich sehr ungesund. Ich trinke oft Saft oder Milch. Heute habe ich Orangensaft getrunken.

ⓓ Was ist dein Lieblingssport?

Fußball, natürlich! Letztes Jahr bin ich Snowboard gefahren, aber das war zu gefährlich für mich!

Find:
1 Ralf's favourite sport
2 What he thinks of fruit
3 Two things he never drinks
4 Three things he eats with bread
5 The number of times a week he trains with the team
6 A sport he finds dangerous
7 When he does fitness training
8 A sport he's playing next week

schreiben 4

Bist du fit und gesund? Beantworte die vier Interviewfragen (a–d) und schreib einen Absatz.

Ich spiele zweimal pro Woche Hockey. Ich gehe auch manchmal ...

lesen 1

Was haben sie auf der Party getragen? *What did they wear to the party?*
Beispiel: 1 d, f

a Ich habe ein rotes Kleid ...	**e** ... und ein kariertes T-Shirt getragen.
b Ich habe eine gestreifte Hose ...	**f** ... und ein gestreiftes T-Shirt getragen.
c Ich habe einen roten Rock ...	**g** ... und einen schwarzen Pullover getragen.
d Ich habe eine gelbe Hose ...	**h** ... und eine gepunktete Jacke getragen.

lesen 2

Füll die Lücken aus und finde die richtigen Bilder.
Fill the gaps and find the correct pictures.
Beispiel: 1 Schule – g

1 Zum Schluss gehe ich um acht Uhr in die __ .
2 Zuerst stehe ich um sieben Uhr __ .
3 Danach frühstücke ich um halb __ .
4 Dann ziehe ich mich um Viertel nach sieben __.

> acht   Schule
> auf   an

5 Nachmittags mache ich zuerst meine ___.
6 Danach sehe ich um halb sieben __.
7 Zum Schluss gehe ich um neun Uhr ins ___.
8 Dann esse ich um sechs Uhr zu ___.

> fern   Abend
> Bett
> Hausaufgaben

schreiben 3

Schreib die Sätze als Text auf.
Write the sentences in the correct order to make a paragraph.
Zuerst stehe ich um sieben Uhr ...

1 Lies den Text und ordne die Bilder.

Beispiel: b, ...

Letzten Samstag bin ich zu Anjas Party gegangen. Sie hatte Geburtstag – sie ist jetzt dreizehn. Es war fantastisch. Ich habe eine neue schwarze Hose und ein rotes T-Shirt getragen.

Die Musik war gut, aber manchmal zu laut. Wir haben getanzt, gegessen und getrunken. Ich habe Pizza und Chips gegessen – das war lecker. Ich habe Fanta getrunken (weil ich nicht gern Cola trinke).

Philip, Markus und Sonja waren da. Sonja ist immer sehr modisch angezogen – sie hat einen gepunkteten Minirock getragen. Philip ist schüchtern, aber sehr nett. Markus ist sehr cool. Er hat Skateboard-Tricks gemacht – das war lustig!

Ich bin um halb elf mit meinem Vater nach Hause gefahren. Um halb zwölf bin ich ins Bett gegangen – ich war sehr müde.

Am nächsten Samstag hat Markus Geburtstag. Zuerst essen wir mit der Clique bei McDonalds und dann gehen wir ins Kino. Wir sehen den neuen Spider-Man-Film – toll!

Sabrina

2 Wer oder was ist das?

*Beispiel: **1** Sabrina*

1 tired	3 delicious	5 funny	7 good
2 shy	4 great	6 fashionable	8 cool

3 Schreib Sätze auf.

*Beispiel: **1** Sabrina hat Pizza und Chips gegessen.*

1 Pizza und Chips	3 schwarze Hose	5 Skateboard-Tricks
2 halb zwölf	4 halb elf	6 nächsten Samstag

4 Schreib etwas über eine Party. *Write a description of a party you have been to.*

When was it? What did you wear?

What did you do/eat/drink?

Who else was there?

When did you go home?

What are you doing next weekend?

schreiben 1

Schreib Untertitel für die Bilder.

Beispiel: 1 Ich will ein Picknick machen.

halle gehen ein picknick machen / laufen gehen eine bootsfahrt machen / indiestadtmittefahren / einkaufen / fußballspielen / indiespielhalle gehen

Ich will ...

lesen 2

Lies die Postkarte. Schreib die Tabelle ab und füll sie aus.

Day?	Activity?	Opinion?
Monday	Boat trip	great

Newcastle, den 30. Juni

Hallo Mutti!
Newcastle ist super! Am Montag machen wir eine Bootsfahrt – das finde ich toll.
Am Dienstag fahren wir Skateboard – das ist immer lustig!
Am Mittwoch gehen wir einkaufen. Das ist O.K.
Am Donnerstag sehen wir ein Fußballspiel – das ist sehr interessant.
Am Freitag fahre ich mit dem Bus nach Hause. Das ist ziemlich langweilig.

Deine Johanna

lesen 3

Lies die Postkarte noch einmal. Schreib die Sätze richtig auf.

Read the postcard again. Write the sentences out correctly.

1 Johanna ist im August in Durham.
2 Sie schreibt eine Postkarte an ihre Schwester.
3 Sie findet Einkaufen toll.
4 Sie fährt am Samstag mit dem Zug nach Hause.

schreiben 4

Schreib Pläne für eine Woche in Deutschland.

Write plans for a week in Germany.

Beispiel: Am Montag gehen wir ins Kino. Das finde ich toll!

    Am Dienstag ...

Mo. **Di.** **Mi.** **Do.** **Fr.**

lesen 1

Lies Danielas E-Mail. Welcher Absatz ist das?

1 was sie gemacht haben
2 die englische Austauschgruppe
3 ihre Pläne für das Wochenende

4 nachmittags und abends
5 Danielas Austauschpartnerin

Hallo Tobias!

a Wie geht's? Mir geht es sehr gut, weil ich Besuch aus England habe! Mein Fußballklub hier in Zürich macht einen Austausch mit einer Gruppe aus Leeds, im Norden von England. Das macht wirklich Spaß! Die englische Gruppe ist am Montag mit dem Flugzeug nach Zürich geflogen und die Engländer bleiben sieben Tage lang hier.

b Meine Partnerin heißt Mary. Sie ist sehr nett und sie spricht auch gut Deutsch. Sie geht mit mir in die Schule.

c Jeden Tag spielen wir nachmittags nach der Schule Fußball. Ich bin in der zweiten Mannschaft und wir haben schon dreimal gewonnen! Dann essen wir immer zu Abend, und danach gehen wir in die Stadt.

d Am Dienstag haben wir im Jugendklub einen alten James-Bond-Film auf DVD gesehen und am Mittwoch sind wir schwimmen gegangen. Gestern Abend haben wir einen Karaoke-Abend gemacht – das war ja lustig! Ich kann aber nicht gut singen.

e Morgen, am Samstag, hat Sonja Geburtstag und wir werden zu ihrer Party gehen. Am Sonntag werden wir meine Großeltern in Basel besuchen. Dann fliegen die Engländer am Abend nach Hause. Wie schade!

Viele Grüße!

Deine Daniela

---

lesen 2

Lies die E-Mail noch mal und sieh die Bilder an.
Schreib die Tabelle ab und füll sie aus.

Hat gemacht	Macht jeden Tag	Wird nächstes Wochenende machen
a		

schreiben 3

Du machst einen Austausch mit einer Schule in Österreich.
Schreib die Sätze zu Ende.

Wir sind am Sonntag mit dem ...
Am Montag haben wir ...
Gestern sind wir ...

Jeden Tag ...
Morgen werden wir ...
Am Samstag ...

Glossary of grammatical terms

adjective	a describing word (**grün, doof, interessant**); the possessive adjectives are the words for *my, your, his, her.* (**mein/meine/mein; dein/deine/dein; sein/seine/sein; ihr/ihre/ihr**)
adverb	a word used to describe an action (**immer, oft, nie**)
article	the words for *the* and *a* (**der/die/das; ein/eine/ein**)
connective	a word used to join together two phrases or sentences (**und, aber**)
gender	whether a noun is masculine, feminine or neuter (masculine: **der Fußball**; feminine: **die Drogerie**; neuter: **das Hemd**)
imperative	the command form of the verb (**geh! nimm! nehmen Sie!**)
infinitive	the dictionary form of the verb (**haben, wohnen, sein**)
irregular verb	a verb which does not follow the usual rules (**essen, lesen, sein**)
noun	a word which names a thing or person (**Kopf, Vater**)
plural	referring to more than one of something (**die Zähne, vier Zimmer**)
preposition	a word used to describe where someone or something is (**auf, in, unter**)
pronoun	a word which stands in place of a noun (**er, sie, es**)
qualifier	a word which makes an adjective stronger or weaker (**sehr, ziemlich, nicht sehr**)
regular verb	a verb which follows the usual rules (**wohnen, spielen**)
singular	referring to only one of something (**der Hund, ein Brötchen**)
verb	a word used to say what is being done or what is happening (**gehen, lesen**)

1 Nouns

1.1 Gender

Nouns in German have one of three genders: masculine, feminine or neuter. The gender is shown by **der**, **die** or **das** before the word.

masculine	**der** Apfel (*the apple*)
feminine	**die** Birne (*the pear*)
neuter	**das** Eis (*the ice-cream*)

1.2 Plural (more than one)

In German, there are several different plural endings. These are the most common ones:

Ending	Example	
-e	**Tage**	*days*
-n	**Banane<u>n</u>**	*bananas*
-en	**Sendung<u>en</u>**	*programmes*
(no ending)	**Finger**	*fingers*
¨	**Äpfel**	*apples*
¨e	**W<u>ü</u>rst<u>e</u>**	*sausages*
¨er	**B<u>ü</u>ch<u>er</u>**	*books*
-s	**CD<u>s</u>**	*CDs*

1 Look up these nouns in the **Wortschatz** and write out the plural form of each.

*Beispiel: **1** Buch – die Bücher*

1 Buch
2 Jugendherberge
3 Torte
4 Wurst
5 Saft
6 Freund
7 Suppe
8 Zeitschrift
9 Tag
10 Speisekarte

2 Articles

Articles are the words for *the*, *a* and *not a/no*.

The definite article (*the*)
In German the definite article is **der**, **die** or **das**: **der** Apfel (*the apple*), **die** Banane (*the banana*), **das** Buch (*the book*), **die** Äpfel (*the apples*).

The indefinite article (*a/an*)
In German the indefinite article is **ein** or **eine**: **ein** Apfel (*an apple*), **eine** Banane (*a banana*), **ein** Buch (*a book*).

The negative article (*not a/no*)
The negative article in German is **kein** or **keine**: **kein** Apfel (*no apple*), **keine** Banane (*no banana*), **kein** Buch (*no book*), **keine** Äpfel (*no apples*).

2.1 The nominative case (subject)

The nominative case is used for the subject of the sentence – the person or thing which 'does' the verb. In this sentence the mouse does the drinking:

Die Maus trinkt den Tee. *The mouse drinks the tea.*

The nominative is also used with phrases like **hier ist** (*here is*) and **das ist** (*that is*).

Articles in the nominative case:

	the	*a*	*not a/no*
masculine	der	ein	kein
feminine	die	eine	keine
neuter	das	ein	kein
plural	die	–	keine

2.2 The accusative case (object)

The accusative case is used for the object of the sentence. The object is the person or thing to which the verb is 'done'. In this sentence the tea is being drunk so it is the object:

Die Maus trinkt <u>den Tee</u>. *The mouse drinks <u>the tea</u>.*

Articles in the accusative case are like the nominative articles, apart from the masculine forms.

	the	*a*	*not a/no*
masculine	den	einen	keinen
feminine	die	eine	keine
neuter	das	ein	kein
plural	die	–	keine

2 Order these items in a restaurant using **ich möchte** + accusative. Use **den/die/das** for the food and **einen/eine/ein** for the drinks.

*Beispiele: **1** Ich möchte den Fisch.*
*   **2** Ich möchte einen Saft.*

1 Fisch (*m*)
2 Saft (*m*)
3 Hähnchen (*n*)
4 Milch (*f*)
5 Eis (*n*)
6 Kuchen (*m*)
7 Mineralwasser (*n*)
8 Pommes (*pl*)
9 Kaffee (*m*)
10 Pizza (*f*)

3 Explain to a German tourist that these items are off the menu. Use **es gibt keinen / keine / kein ....**

Beispiel: **1** *Es gibt keine Pizza.*

1 Pizza (*f*)
2 Eis (*n*)
3 Salat (*m*)
4 Chips (*pl*)
5 Limonade(*f*)
6 Brot (*n*)
7 Schinken (*m*)
8 Tomatensuppe (*f*)
9 Hähnchen (*n*)
10 Fisch (*m*)

2.3 The dative case

The dative case has many uses. In *Echo Express 2*, you see how it is used after certain prepositions, such as **zu** (*to*), **in** (*in*) or **mit** (*with*). See 3.2, Prepositions with the dative. The articles **der, die, das** change as shown:

	nominative	*dative*
masc	**der**	**dem**
fem	**die**	**der**
neut	**das**	**dem**
pl	**die**	**den**

For plural nouns following prepositions like **zu** or **mit**, the noun also gets an 'n' at the end:

nominative **die Äpfel** (*apples*)
accusative   **mit <u>den</u> Äpfeln** (*with the apples*)

4 Write a sentence for each place using **ich gehe zu.**

Beispiel: **1** *Ich gehe zu der Bäckerei. = Ich gehe zur Bäckerei.*

1 die Bäckerei
2 der Computerladen
3 die Drogerie
4 das Restaurant
5 das Schwimmbad
6 die Konditorei
7 der Musikladen
8 die Metzgerei
9 das Hotel
10 die Buchhandlung

5 Now write out the sentences from exercise 4 again using **ich bin in ... .**

Beispiel: **1** *Ich bin in der Bäckerei.*

3 Prepositions

Prepositions are useful little words that give you more information about things. Some prepositions in *Echo Express 2* are **für, in, nach, mit, zu**. They are followed by either the accusative or the dative case, and this means that words such as **der, die, das** have to change after them.

3.1 Prepositions with the accusative

Für (*for*) is always followed by the accusative (see 2.2):
Ich kaufe es für meine Schwester.
I'm buying it for my sister.

6 Fill in the correct form of the words in brackets.

Beispiel: **1** *Ich mache es für den Hund.*

1 Ich mache es für … Hund. (*the*)
2 Ich war für … Woche in Spanien. (*a*)
3 Er hat das Buch für … Großvater gekauft. (*his*)
4 Wir spielen Fußball für … Schule (*the*)
5 Das Geld ist für … Auto. (*a*)
6 Ich habe zwanzig Pfund für … Pullover auf E-Bay bekommen. (*a*)

3.2 Prepositions with the dative

Zu (*to*), **mit** (*with*), **seit** (*since*), **bei** (*at the home of*) and **nach** (*after*) are always followed by the dative (see 2.3):

nach <u>der</u> Schule   *after school*

Short forms:
zu dem = zum
zu der = zur

---

7   Work out the correct endings for the words in brackets. Write out the sentences.

Beispiel: 1 Wir fahren mit dem Bus.

1   Wir fahren mit … Bus. (der)
2   Ich habe bei … Nachbar gewohnt. (der)

> **Nachbar =** *neighbour*

3   James hat seit … Pause nichts getrunken. (die)
4   Nach … Mittagessen sehe ich fern. (das)
5   Sie ist zu … Tennisklub gefahren. (der)
6   Er hat die Banane mit … Schokolade gegessen. (die)
7   James fährt immer mit … Rad zu … Schule. (das, die)
8   Frau Link geht mit … Schüler ins Kino. (die)

3.3 Prepositions with the accusative or the dative

These prepositions are followed by either the accusative (when there is <u>movement</u> towards a place), or the dative (when there is <u>no movement</u> towards a place):

auf (*on*)
in (*in*)
unter (*under*)
neben (*next to*)
zwischen (*between*)
vor (*in front of*)
über (*over*)

Short forms:
in das = ins
in dem = im

Ich gehe <u>ins</u> Sportzentrum.
I go to the sports centre.
Ich bin <u>im</u> Sportzentrum.
I'm in the sports centre.

---

8   Accusative or dative? Write out the sentences filling the gaps. The grids on pages 113–114 will help you.

1   Ich gehe gern in … Kino (*n*).
2   Wir kaufen Wurst in … Metzgerei (*f*).
3   Wo ist mein Apfel? Er ist auf … Tisch (*m*) in … Klassenzimmer (*n*).
4   Er ist in … Park gegangen (*m*).
5   Ich esse oft Pizza … Café (*n*).
6   Wo ist Johannes im Foto? Er ist neben … Frau (*f*) auf … linken Seite (*f*).

---

4   Adjectives

4.1   Adjective endings

Adjectives are words that describe nouns, e.g. **grün** (*green*), **klein** (*small*). In German, an adjective takes an ending when it is used in front of a noun:

das grün<u>e</u> T-Shirt   *the green T-shirt*

If the adjective is used after the noun, no ending is needed:

Das T-Shirt ist grün.   *The T-shirt is green.*

4.2   Adjective endings after *the*

When the definite article (*the*) is used, the adjective takes these endings:

	nominative	accusative
masc	der rot<u>e</u> Rock	den rot<u>en</u> Rock
fem	die rot<u>e</u> Hose	die rot<u>e</u> Hose
neut	das rot<u>e</u> T-Shirt	das rot<u>e</u> T-Shirt
pl	die rot<u>en</u> Schuhe	die rot<u>en</u> Schuhe

9 Write out the sentences with a suitable adjective. The adjectives are all in the nominative form.

1 Die ... Hose ist perfekt für mich!
2 Der ... Rock war zu groß.
3 Das ... Hemd ist für meinen Bruder.
4 Die ... Schuhe sind nicht sehr schön.
5 Die ... Krawatte ist meine Lieblingskrawatte!

10 You are planning a busy afternoon in town! Fill each gap with the accusative form of the adjective in brackets.

Beispiel: Ich möchte den gestreiften Pullover, ...

Ich möchte den (1 gestreift) Pullover, die (2 gut) CD von Jennifer Lopez, das (3 nächst) Harry Potter Buch und die (4 schwarz) Sportschuhe kaufen. Ich möchte auch den (5 toll) Spiderman Film noch mal sehen. Dann möchte ich die (6 lecker) Schokoladentorte im Café essen und in die (7 neu) Spielhalle gehen. Zum Schluss möchte ich den (8 richtig) Bus finden und nach Hause fahren.

4.3 Adjective endings after the indefinite article (ein/eine)

When the indefinite article is used, a slightly different set of endings is used:

	nominative	accusative
masc	ein rote̲r Rock	einen rote̲n Rock
fem	eine rote̲ Hose	eine rote̲ Hose
neut	ein rote̲s T-Shirt	ein rote̲s T-Shirt
pl	rote̲ Schuhe	rote̲ Schuhe

11 Choose the correct form of each adjective and write out the sentences. All the adjectives are in the accusative.

1 Wir haben einen **lustige / lustiges / lustigen** Film gesehen.

2 Mein Erdkundelehrer trägt eine **gepunkteten / gepunktete / gepunktetes** Krawatte.
3 Patrick hat ein **tolles / tolle / tollen** Computerspiel gekauft.
4 Warum haben Sie ein so **alte / alten / altes** Auto?
5 In der Stadt gibt es eine **große / großes / großen, modernes / modernen / moderne** Sporthalle.

4.4 Possessive adjectives

The possessive adjectives are the words for *my, your, his, her*, etc. The possessive adjectives used in this book are: **mein** (*my*), **dein** (*your*), **sein** (*his, its*), **ihr** (*her, its*).

When they are used with nouns they take the same endings as **ein** and **kein**:

Possessive adjectives with nominative nouns

masc	mein / dein / sein / ihr Kopf
fem	meine / deine / seine / ihre Hand
neut	mein / dein / sein / ihr Bein
pl	mein̲e / deine / seine / ihre Finger

12 Fill the gaps with the correct possessive adjectives, all with nominative endings.

Ich bin Natalie. __1__ Bruder heißt Oliver. Er sieht gern fern – __2__ Lieblingssendung ist „Die Simpsons". Meine Schwester, Nikki, ist sehr sportlich: __3__ Lieblingssport ist Hockey. Und du? Was sind __4__ Lieblingshobbys? Ich bin gar nicht sportlich – ich gehe gern einkaufen. __5__ Lieblingsgeschäft heißt Modebox.

4.5 Possessive adjectives with accusative nouns

masc	meine̲n / deine̲n / seine̲n / ihre̲n Kopf
fem	meine /deine̲ / seine / ihre̲ Hand
neut	mein /dein / sein / ihr Bein
pl	meine̲ /deine̲ /seine̲ / ihre̲ Finger

13 Fill the gaps with the correct possessive adjectives.

Beispiel: **1** *Ich habe deinen Kuchen gegessen!*

1 Ich habe (dein) … Kuchen (*m*) gegessen!
2 Möchtest du (mein) … CDs (*pl*) hören?
3 Hast du (ihr) … Hund (*m*) gesehen?
4 Er hat (sein) … Schultasche (*f*) vergessen.
5 Kannst (mein) … Hemd (*n*) waschen?
6 Sie hat (dein) … Rock (*m*) getragen.

5 Pronouns

The pronouns used in this book are:

ich	*I*
du	*you (familiar, singular)*
er	*he, it*
sie	*she, it*
es	*it*
man	*one*
wir	*we*
Sie	*you (formal, polite)*
ihr	*you (familiar, plural)*
sie	*they*

5.1 The pronoun *it*

In German, there are three ways of saying *it*, depending on the gender of the noun.

Er is for masculine nouns:

Der Film ist gut.	→	**Er** ist gut.
The film is good.	→	*It is good.*

Sie is for feminine nouns:

Die CD ist toll.	→	**Sie** ist toll.
The CD is great.	→	*It is great.*

Es is for neuter nouns:

Das Buch ist langweilig.	→	**Es** ist langweilig.
The book is boring.	→	*It is boring.*

5.2 Words for *you* (du / ihr / Sie)

Use **du** for a friend or relative.
Use **ihr** for two or more friends or relatives.
Use **Sie** for one or more adults whom you do not know well.

Du, ihr and **Sie** need different forms of the verb:

wohnen – *to live*
du	wohn<u>st</u>
ihr	wohn<u>t</u>
Sie	wohn<u>en</u>

14 Sonja is asking Max some questions. Change the questions as appropriate for:
a Frau Forsch; **b** Sina und Mario.

Beispiel: **1a** *Wohnen Sie in Berlin?* **1b** *Wohnt ihr in Berlin?*

1 Wohnst du in Berlin?
2 Kaufst du viele CDs?
3 Hörst du gern Musik?
4 Was machst du am Wochenende?
5 Was trinkst du gern?

6 Verbs

6.1 The infinitive

When you look for a verb in a dictionary, you will find it in the infinitive form.
Most infinitives end in **-en**: **wohnen** (*to live*); **finden** (*to find*).

6.2 Present tense: regular verbs

Regular verbs all follow the same pattern:

spielen		***to play***
ich	spiel<u>e</u>	*I play*
du	spiel<u>st</u>	*you play*
er/sie/es/man	spiel<u>t</u>	*he/she/it/one plays*
wir	spiel<u>en</u>	*we play*
Sie	spiel<u>en</u>	*you play (polite)*
ihr	spiel<u>t</u>	*you play (informal)*
sie	spiel<u>en</u>	*they play*

15 **Sparen** (*to save*) and **lernen** (*to learn*) are regular verbs. How do you say:

1 you (**du**) learn	6 I learn
2 I save	7 we save
3 he learns	8 he saves
4 she saves	9 she learns
5 we learn	10 you (**du**) save

6.3 Present tense: irregular verbs

Some verbs are 'irregular' verbs. They don't follow the regular pattern.

essen – *to eat*
ich esse
du isst
er/sie/es/man isst
wir essen
Sie essen
ihr esst
sie essen

fahren – *to drive/go*
ich fahre
du fährst
er/sie/es/man fährt
wir fahren
Sie fahren
ihr fahrt
sie fahren

lesen – *to read*
ich lese
du liest
er/sie/es/man liest
wir lesen
Sie lesen
ihr lest
sie lesen

schlafen – *to sleep*
ich schlafe
du schläfst
er/sie/es/man schläft
wir schlafen
Sie schlafen
ihr schlaft
sie schlafen

sehen – *to see/watch*
ich sehe
du siehst
er/sie/es/man sieht
wir sehen
Sie sehen
ihr seht
sie sehen

tragen – *to wear*
ich trage
du trägst
er/sie/es/man trägt
wir tragen
Sie tragen
ihr tragt
sie tragen

16 Write the correct form of the verb.

Beispiel: **1** *ich esse*

1 ich (essen)	6 wir (lesen)
2 du (sehen)	7 ihr (schlafen)
3 er (schlafen)	8 Sie (sehen)
4 man (fahren)	9 du (tragen)
5 Lena (lesen)	10 wir (fahren)

6.4 Present tense: sein and haben

Sein (*to be*) and **haben** (*to have*) are very irregular.

sein	**to be**
ich **bin**	*I am*
du **bist**	*you are*
er/sie/es/man **ist**	*he/she/it/one is*
wir **sind**	*we are*
Sie **sind**	*you are*
ihr **seid**	*you are*
sie **sind**	*they are*

haben	to have
ich habe	I have
du **hast**	you have
er/sie/es/man **hat**	he/she/it/one has
wir haben	we have
Sie haben	you have
ihr habt	you have
sie haben	they have

6.5 Modal verbs

Können (*can, to be able to*), **müssen** (*must, to have to*) and **wollen** (*to want to*) are called modal verbs. They are used with the infinitive of another verb. The infinitive comes at the end of the sentence:

Ich kann Klavier <u>spielen</u>.
I can <u>play</u> the piano.
Ich muss zur Schule <u>gehen</u>.
I have <u>to go</u> to school.
Ich will mit dem Bus <u>fahren</u>.
I want <u>to travel</u> by bus.

können – *to be able to*
ich **kann**
du **kannst**
er/sie/es/man **kann**
wir **können**
Sie **können**
ihr **könnt**
sie **können**

müssen – *to have to*
ich **muss**
du **musst**
er/sie/es/man **muss**
wir **müssen**
Sie **müssen**
ihr **müsst**
sie **müssen**

wollen – *to want to*
ich **will**
du **willst**
er/sie/es/man **will**

wir **wollen**
Sie **wollen**
ihr **wollt**
sie **wollen**

17 Write out the sentences and questions in the correct order.

1   trainieren oft muss wie ich?
2   machen muss sie Hausaufgaben ihre.
3   Wasser jeden du trinken Tag musst
4   wir zur müssen gehen Schule wann?
5   Bruder lernen muss Spanisch mein.

18 Complete these sentences with the correct form of **können**, then translate them into English.

1   Ich ... nicht singen.
2   Er ... gut zeichnen.
3   Wir ... nicht gut Spanisch sprechen.
4   Du ... nicht zur Schule gehen.
5   Sie (*she*) ... Fußball spielen.

19 What do they want to do this evening? Write sentences using **wollen**.

Beispiel: **1** *Thomas will ins Sportzentrum gehen.*

1   Thomas geht gern ins Sportzentrum.
2   Anja hört gern Musik.
3   Wir üben gern Gitarre.
4   Herr und Frau Schmidt gehen gern ins Theater.
5   Du spielst gern Snooker.
6   Ich sehe gern Horrorfilme.

Sollte (*should*) is a special form of the modal verb **sollen** (*shall*).

ich **sollte**
du **solltest**
er/sie/es/man **sollte**
wir **sollten**
Sie **sollten**
ihr **solltet**
sie **sollten**

Grammatik

20 Complete each piece of advice with the correct form of **sollte(n)** and a suitable infinitive.

1 Du … mehr Sport …
2 Sie … mehr Obst und Gemüse …
3 Er … zu Hause …
4 Sie … kein Alkohol …
5 Du … jeden Tag Fitnesstraining …

Mögen (*to like*) is another modal verb, but it is mostly just used with a noun, e.g.:
Ich mag Pizza. (*I like pizza.*)

Möchte is a special form of **mögen**. It means *would like* (*to*) and is usually used with an infinitive: **Ich möchte ins Kino gehen.** (*I would like to go to the cinema.*)

mögen – *to like*
ich **mag**
du **magst**
er/sie/es **mag**
wir mögen
Sie mögen
ihr mögt
sie mögen

möchte(n) – *would like to*
ich möchte
du möchtest
er/sie/es **möchte**
wir möchten
Sie möchten
ihr möchtet
sie möchten

---

21 Find the modal form for each gap (**muss, kann, will, sollte, möchte**).

1 Man … im Park Tennis spielen.
2 Ich … einen Kaffee trinken, bitte.
3 Er … neue Freunde finden.
4 Ich … heute Abend die Quizsendung sehen.
5 Ich … zwei Mal pro Jahr zum Arzt gehen.

6 Er … nicht schlafen. Er hat zu viel Kaffee getrunken.
7 Er … drei Hundert Gramm Kirschen.
8 Sie … ihre Hausaufgaben nicht machen. Es gibt einen guten Film im Fernsehen!
9 Ich … Geld sparen. Ich … ein neues Rad kaufen.
10 Er … nach Hause gehen. Er ist sehr krank!

6.6 Separable verbs

These verbs have two parts: a verb, and a short word stuck to the front of the verb (a prefix). The separable verbs in *Echo 2* are **aufwachen** (*to wake up*), **aufstehen** (*to get up*) and **fernsehen** (*to watch TV*). When they are used in a sentence, the prefix jumps to the end:

aufwachen → Ich wache um sieben Uhr **auf**.
to wake up — *I wake up at seven o'clock.*

22 Write nine sentences using the information in the table.
Beispiel: **1a** *Ich wache um 7 Uhr auf.*

	a	b	c
	ich	**du**	**Nils**
1 aufwachen	7 Uhr	8 Uhr	6 Uhr
2 aufstehen	7:05 Uhr	8:10 Uhr	6:05 Uhr
3 fernsehen	18:00 Uhr	17:30 Uhr	14:00 Uhr

6.7 Reflexive verbs

Like other languages, German has some verbs which are reflexive (things we do to ourselves).

sich waschen – *to wash oneself*
ich **wasche mich**
du **wäscht dich**
er/sie/es/man **wäscht sich**
wir **waschen uns**
Sie **waschen sich**
ihr **wascht euch**
sie **waschen sich**

6.8 seit + present tense

Seit (*for* or *since*) is used with <u>the present tense</u> in German to say how long something has been going on:

Ich <u>habe</u> **seit zwei Tagen Kopfschmerzen.**
I <u>have had</u> *a headache for two days.*
Ich habe seit gestern Schnupfen.
I have had a cold since yesterday.

23 Answer these questions with full sentences.

1 Seit wann hast du Ohrenschmerzen? (2 Tagen)
2 Seit wann lernt sie Deutsch? (3 Jahren)
3 Seit wann hat Lena Schnupfen? (gestern)
4 Seit wann tut Christians Bein weh? (vorgestern)
5 Seit wann lernst du Deutsch? (*own answer*)

6.9 Imperatives

The imperative is used to give commands or instructions. You make it from the **du** form of the verb (watch out for the vowels changing in the middle of the verb):

trinken:	du trink~~st~~	→	trink!
essen:	du iss~~t~~	→	iss!
lesen:	du lies~~t~~	→	lies!

24 Apply the rule to make the imperative of these verbs.

Beispiel: **1** *geh!*
1 gehen
2 lachen
3 sehen (*like* lesen)
4 schwimmen
5 fahren (*no umlaut*)
6 tanzen
7 faulenzen
8 vergessen (*like* essen)

6.10 Perfect tense

You use the perfect tense to talk about things which happened in the past:

Ich <u>habe</u> **Fußball** <u>gespielt</u>. *I played football.*

The perfect tense is made up of two parts:

haben	+	past participle
ich habe		gewohnt
du hast		gespielt
... etc		gekauft
		... etc

or **sein**

ich bin	gegangen
du bist	gefahren
... etc	... etc

Regular participles begin with **ge-** and end in **-t**.
Take the **-en** off the infinitive: **spiel~~en~~**
Add **ge-** and **-t** to what is left:
ge + **spiel** + **t** → **gespielt**

Here is the verb **spielen** (*to play*) in the perfect tense:

spielen	*to play*
ich habe gespielt	*I played*
du hast gespielt	*you played*
er/sie/es hat gespielt	*he/she/it played*
wir haben gespielt	*we played*
Sie haben gespielt	*you played (polite)*
ihr habt gespielt	*you played (familiar, plural)*
sie haben gespielt	*they played*

25 Copy each sentence, choose a verb from the box and fill in the past participle.

Beispiel: **1** *Ich habe sechs Postkarten gekauft.*
1 Ich habe sechs Postkarten…
2 Wo hat sie in den Ferien …?
3 Er hat viel Fußball …
4 Hast du deine Hausaufgaben…?
5 Wir haben in einer Jugendherberge …

6 Meine Eltern haben ein T-Shirt für mich …
7 Was habt ihr am Wochenende …?
8 Haben Sie gestern Abend Tennis …?

machen	kaufen	spielen	wohnen

26 Copy and fill in both parts of the verb in these perfect tense sentences.

1 Ich … auf einem Campingplatz in Italien … . (wohnen)
2 … du Tennis mit deinen Freunden … ? (spielen)
3 Ich … nichts … . (machen)
4 Erich … jeden Tag Gitarre … . (spielen)
5 … du in einer Jugendherberge … ? (wohnen)
6 Wir … neue CDs … . (hören)
7 … ihr heute Fitnesstraining … ? (machen)
8 Sie … auch Bücher … . (kaufen)
9 Katja … zwei Mal Fußball … . (spielen)
10 Meine zwei Brüder … Musik. (hören)

6.11 Perfect tense: irregular verbs

The past participles of some verbs do not follow the regular pattern:

essen:	ich habe <u>gegessen</u>	*I ate*
sehen:	ich habe <u>gesehen</u>	*I saw*
trinken:	ich habe <u>getrunken</u>	*I drank*

27 Copy and complete these sentences. You can check the participles in the list in 6.13.

1 Ich habe Pizza (essen).
2 Hast du meine Brille (sehen)?
3 Ich habe meine Oma (besuchen).
4 Er hat drei Stunden (schlafen).
5 Sie hat vier Bücher (lesen).
6 Wir haben es sehr interessant (finden).
7 Habt ihr meine E-mail (bekommen)?
8 Jonas und Susi haben Lukas in der Stadt (treffen).
9 Haben Sie gestern Abend (fernsehen)?
10 Wir haben die CDs (vergessen).

6.12 Perfect tense: verbs + sein

Some verbs form the perfect tense with **sein**. Most of them describe movement, e.g.:

fahren – *to go*
ich **bin** gefahren
du **bist** gefahren
er/sie/es **ist** gefahren
wir **sind** gefahren
Sie **sind** gefahren
ihr **seid** gefahren
sie **sind** gefahren

Other verbs which also take **sein** are:

kommen	*to come*	ich bin gekommen
gehen	*to go*	ich bin gegangen
schwimmen	*to swim*	ich bin geschwommen

28 Copy the sentences and fill in the gaps with perfect tense verbs (**sein** only).

1 Ich bin in die Stadt … . (fahren)
2 Wann … du gestern zur Schule … ? (gehen)
3 Helen … letzte Woche drei Kilometer …! (schwimmen)
4 Wir … heute ins Kino … . (gehen)
5 Er … gestern um drei Uhr nach Hause … . (kommen)

29 Do these perfect tense sentences take **haben** or **sein**? Copy them and fill the gaps.

6 Ich … Eis gegessen und einen Kaffee getrunken.
7 Wir … gestern zum Sportzentrum gefahren, und wir … dort Tennis gespielt.
8 Sophie … diese Woche £ 30 Taschengeld gespart.
9 … du „Spider-Man 2" gesehen?
10 Ich … mit meinem Freund einkaufen gegangen, und ich … Sportschuhe gekauft.

6.13 Verb list: past participles

Regular + haben

infinitive	English	past participle
faulenzen	to laze about	gefaulenzt
hören	to hear, listen to	gehört
kaufen	to buy	gekauft
kosten	to cost	gekostet
lachen	to laugh	gelacht
machen	to make, do	gemacht
regnen	to rain	geregnet
schmecken	to taste	geschmeckt
sparen	to save	gespart
spielen	to play	gespielt
tanzen	to dance	getanzt
üben	to practise	geübt
wohnen	to live	gewohnt

Irregular + haben

bekommen	to get	bekommen
besuchen	to visit	besucht
essen	to eat	gegessen
finden	to find	gefunden
gewinnen	to win	gewonnen
lesen	to read	gelesen
schlafen	to sleep	geschlafen
sehen	to see, watch	gesehen
tragen	to wear	getragen
treffen	to meet	getroffen
vergessen	to forget	vergessen

Irregular + sein

fahren	to drive, travel	gefahren
fallen	to fall	gefallen
gehen	to go (on foot)	gegangen
kommen	to come	gekommen
schwimmen	to swim	geschwommen

6.14 Asking questions in the perfect tense.

Ask questions in the perfect tense by changing word order, just as in the present tense:

Hast du die Sportsendung gesehen?
Did you see the sports programme?
Wann ist er nach Deutschland gefahren?
When did he travel to Germany?

30 Unjumble the questions and write them out correctly.

Beispiel: **1** *Hast du das Buch gelesen?*

1 gelesen das du Buch hast?
2 er wann gespielt Tennis hat?
3 Abend hast was gestern gemacht du?
4 gefunden wie du Sendung hast die?
5 ins sie Schwimmbad gegangen ist?
6 die getragen warum er alte hat Hose?

6.15 Perfect tense: separable verbs

Separable verbs come together in the perfect tense to form a one-word participle with the ge- in the middle. Note that some take **haben** and some take **sein**:

Regular verbs
(wachen → gewacht)
<u>auf</u>wachen (*to wake up*)→ ich bin <u>auf</u>gewacht

(kaufen → gekauft)
<u>ein</u>kaufen (*to shop*)→ ich habe <u>ein</u>gekauft

Irregular verbs
(sehen → gesehen)
<u>fern</u>sehen (*to watch TV*) → Ich habe <u>fern</u>gesehen

(stehen → gestanden)
<u>auf</u>stehen (*to get up*) → Ich bin <u>auf</u>gestanden

(schreiben → geschrieben)
<u>auf</u>schreiben (*to write down*) → ich habe <u>auf</u>geschrieben

31 Write the sentences and fill in the gaps with the correct separable verb in the perfect tense.

1 Ich … heute früh … . Wir fahren heute in Urlaub!
2 Wir … viel … . Die Kleidung hat viel gekostet.
3 … du gestern …? Die Nachrichten waren langweilig, aber es gab einen guten Film.
4 Ich … die Telefonnummer … .
5 Er … nicht … . Er hat zu viel Wein getrunken.

6.16 The imperfect tense: hatte

To say *had*, you use the imperfect tense of **haben**:

ich **hatte**	*I had*
du **hattest**	*you had (familiar, singular)*
er/sie/es **hatte**	*he/she/it had*
wir **hatten**	*we had*
Sie **hatten**	*you had (polite)*
ihr **hattet**	*you had (familiar, plural)*
sie **hatten**	*they had*

6.17 The imperfect tense: war

To say *was/were*, you use the imperfect tense of **sein**:

ich **war**	*I was*
du **warst**	*you were (familiar, singular)*
er/sie/es **war**	*he/she/it was*
wir **waren**	*we were*
Sie **waren**	*you were (polite)*
ihr **wart**	*you were (familiar, plural)*
sie **waren**	*they were*

32 Complete these sentences with a form of **sein** (**war, warst**, etc).

1 Ich … gestern müde.
2 Die Party … toll.
3 Wo … du am Wochenende?
4 Mein Freund Toby … gestern zu Hause.
5 Ihr … gestern in der Stadt.

33 Complete these sentences with a form of **haben** (**hatte, hattest**, etc).

1 Ich … kein Geld.
2 Wir … Hunger.
3 Letztes Jahr … wir Probleme in der Schule.
4 Sophie … am Wochenende Fußballtraining.
5 … du letzte Woche Schnupfen?

34 **Hatte(n)** or **war(en)**? Fill the gaps and write out the sentences.

Beispiel: **1** *Ich hatte Kopfschmerzen, weil ich müde war.*

1 Ich … Kopfschmerzen, weil ich müde … .
2 Mein Bruder … launisch, weil er viele Hausaufgaben …
3 Wir … Hunger, aber wir … kein Geld.
4 Sonja … ziemlich schüchtern, aber sie … wirklich nett.
5 Meine Freunde … sehr fit, weil sie jeden Tag Basketballtraining … .
6 Wir … keine Zeit für die Reise und wir … sehr spat.

6.18 The future tense

When you are talking about something you 'will' do in the future, use the future tense. This is formed with part of the verb **werden** (*will*), plus an infinitive at the end of the sentence. It works just like a modal verb (see 6.5).

Ich werde meine Hausaufgaben machen.
I will do my homework.
Ich werde zu Hause helfen.
I will help at home.

ich **werde**
du **wirst**
er/sie/es/man **wird**
wir **werden**
Sie **werden**
ihr **werdet**
sie **werden**

35 What are these people's New Year resolutions?

*Beispiel: **1** Jan wird mehr Sport machen.*
1 Jan … mehr Sport machen.
2 Ich … modische Kleidung tragen.
3 Lisa … pünktlich zur Schule kommen.
4 Wir … nicht so viel Schokolade essen.
5 Peter und Julia … mehr Geld sparen.
6 Du … jeden Tag Gitarre üben.
7 Alex und Michael … nicht rauchen.
8 Ihr … mehr Wasser trinken.

6.19 Present tense with future meaning

You can use the present tense to refer to the future:

Nächste Woche gehe ich einkaufen.
Next week I'm going shopping.
Morgen spiele ich Volleyball.
Tomorrow I'm playing volleyball.

36 Translate these sentences into German.
1 On Tuesday he's going swimming.
2 Tomorrow I'm doing fitness training.
3 Next week we're going to the cinema.
4 At six o'clock they're watching a sports programme.
5 On Friday she's playing football.

7 Time and frequency

7.1 Time expressions

Time expressions show whether a sentence is about the past, present or future.

Past
letzte Woche	*last week*
gestern	*yesterday*
vorgestern	*the day before yesterday*

Present
im Moment	*at the moment*
jetzt	*now*

Future
nächste Woche	*next week*
morgen	*tomorrow*
übermorgen	*the day after tomorrow*

37 Choose the best expression to complete each sentence, then translate it into English.

*Beispiel: **1** Ich fahre morgen in die Stadt. I'm going to town tomorrow.*
1 Ich fahre **morgen / gestern** in die Stadt.
2 Ich bin **vorgestern / übermorgen** schwimmen gegangen.
3 Was machst du **im Moment / letzte Woche**?
4 Wo warst du **nächste / letzte** Woche?
5 Ich habe **im Moment / gestern** Tennis gespielt.
6 Bist du **nächstes / letztes** Wochenende Kajak gefahren?
7 Ich mache **morgen / gestern** einen Spaziergang.
8 Gehen wir **übermorgen / letzte Woche** reiten?
9 Wir haben **nächsten Montag / vorgestern** eine Mountainbiketour gemacht.
10 Ich faulenze **gestern / jetzt** in der Sonne.

7.2 Adverbs of frequency

Adverbs of frequency are used to say how often you do something:

immer (*always*), **oft** (*often*), **manchmal** (*sometimes*), **ab und zu** (*from time to time*), **selten** (*rarely*), **nie** (*never*).

Adverbs of frequency are usually placed just after the verb in German, e.g.:

Ich gehe selten ins Kino. *I rarely go to the cinema.*

If the adverb comes at the start of the sentence then you have to remember to put the verb second, e.g.:

Manchmal sehe ich nach der Schule fern.

38 Write these jumbled sentences out with the words in the right order.

1 nie mache meine Hausaufgaben ich
2 er nach London selten fährt
3 gehen ins Sportzentrum Jana und Katja ab und zu
4 essen wir zu viel Schokolade immer
5 oft Robert und Jonas Horrorfilme sehen

8 Word order

8.1 Verb second

In German, sentences are flexible. You can swap ideas around:

1	2 (Verb!)	3
Ich	finde	Pommes lecker!
or: Pommes	finde	ich lecker!

The important thing is, the verb must be the second 'idea' in the sentence.

39 Write these sentences starting with the part that is underlined. Remember, the verb (in red) stays the second idea.

Beispiel: 1 Minigolf spielen wir um halb neun.

1 Um halb neun spielen wir Minigolf.
2 Am Nachmittag machen wir einen Tauchkurs.
3 Lena geht um halb acht ins Kino.
4 Um halb zehn sieht sie eine Band.
5 Sie spielt im Winter am Computer.
6 Er fährt im Winter Snowboard.
7 Minigolf spiele ich am Wochenende.
8 Im Herbst ist es kalt und windig.
9 Im Frühling regnet es jeden Tag.
10 Wir gehen jeden Tag schwimmen.

8.2 Sequencers

Sequencers say in what order something happens or happened:

zuerst (*firstly*), **dann** (*then*), **danach** (*after that*), **zum Schluss** (*finally*).

Sequencers usually come at the start of the sentence; don't forget to put the verb second:

1	2 (Verb)	3
Zum Schluss	essen	**wir die Pizza.**

40 Put the sentences about Heike's typical morning at school into a logical order. Write them out with a sequencer at the beginning of each sentence.

1 fahre ich mit dem Bus nach Hause.
2 haben wir zwei Doppelstunden – Erdkunde und Sport.
3 treffe ich meine Freunde in der Kantine für die Pause.
4 haben wir Englisch um halb neun, und Mathe mit Frau Braun.
5 fahre ich mit dem Bus zur Schule.

8.3 Time – Manner – Place

If a sentence contains information about *when*, *how* and *where*, it goes in this order:

Wir fahren am Sonntagnachmittag mit dem Rad **zum Park.**

time (when?) – am Sonntagnachmittag
manner (how?) – mit dem Rad
place (where?) – zum Park

41 Write out the sentences with the time – manner – place expressions in the correct order.

1 Ich bin **mit dem Rad / am Dienstag / zur Schule** gefahren.
2 Er fährt **jeden Tag / zum Skatepark / mit dem Skateboard.**

3   Sina geht **ins Schwimmbad / mit Lisa / oft**.
4   Wir fahren **mit der S-Bahn / am Montag / zum Stadion**.
5   Wir haben **mit Nils / im Café / um ein Uhr** Limo getrunken.

8.4 weil / wenn / dass + verb to the end

After **weil** (*because*), **wenn** (*if*) and **dass** (*that*), the verb goes to the end of the sentence or clause (part of the sentence). There is always a comma before them.

Ich mag Mathe nicht, weil es schwierig <u>ist</u>.
I don't like maths, because it's difficult.
Ich gehe schwimmen, wenn es sonnig <u>ist</u>.
I go swimming, if it's sunny.
Ich glaube, dass Kindersendungen doof <u>sind</u>.
I think that children's programmes are silly.

Often, sentences with **wenn** are arranged with the **wenn** clause first (note where the verbs are):
Wenn ich Kopfschmerzen <u>habe</u>, <u>nehme</u> ich Tabletten.
If I have a headache, I take tablets.

42 Join the sentence pairs using **weil**. The verb which goes to the end is underlined.

*Beispiel: **1** Ich komme nicht zur Party, weil ich meine Hausaufgaben mache.*
1   Ich komme nicht zur Party. Ich <u>mache</u> meine Hausaufgaben.
2   Ich habe Kopfschmerzen. Ich <u>lese</u> viel.
3   Ich lerne Deutsch. Es <u>ist</u> sehr interessant.
4   Sie spielt Tennis. Es <u>macht</u> Spaß.
5   Er sieht nicht fern. Er <u>hat</u> Kopfschmerzen.
6   Christian ist ein guter Fußballspieler. Er <u>trainiert</u> jeden Tag.

43 Finish the sentences and translate them into English.

*Beispiel: **1** Wenn das Wetter schön ist, spiele ich Cricket.*

1   Wenn das Wetter schön ist, spiele ich…
2   Wenn es kalt ist, gehe ich…
3   Wenn ich meine Freunde besuche, …
4   Wenn ich Hunger habe, …
5   Wenn ich müde …
6   Wenn ….

44 weil, **wenn** or **dass**? Fill the gaps.

*Beispiel: **1** Ich helfe oft zu Hause, weil meine Mutter arbeitet.*
1   Ich helfe oft zu Hause, … meine Mutter arbeitet.
2   … es windig ist, gehen wir segeln.
3   Ich mag Fußball nicht, … ich nicht sportlich bin.
4   Ich finde, … der Englischlehrer sehr streng ist.
5   … ich nicht schlafen kann, sehe ich fern.
6   Ich glaube, … es eine gute Idee ist.

8.5 Um … zu

Um … zu (*in order to*) is used with an infinitive. There is usually a comma just before **um**:

Ich mache Babysitting, <u>um</u> Geld <u>zu</u> verdienen.
I do babysitting, in order to earn money.

45 Write the sentences and finish them with **um … zu**.

*Beispiel: **1** Ich gehe ins Sportzentrum, um Squash zu spielen.*

1   Ich gehe ins Sportzentrum. Ich möchte Squash spielen.
2   Ich gehe in den Supermarkt. Ich möchte Schokolade kaufen.
3   Anna fährt in die Stadt. Sie möchte ins Kino gehen.
4   Mein Freund fährt nach Madrid. Er möchte Spanisch lernen.
5   Wir helfen zu Hause. Wir möchten Geld verdienen.

9 Questions

9.1 Questions without question words

These are questions which require the answer **ja** or **nein**. They start with the verb:

Isst du gern Schokolade? *Do you like to eat chocolate?*

9.2 Questions with question words

These are the main question words used in this book:

wann?	*when?*
warum?	*why?*
was?	*what?*
wer?	*who?*
wie?	*how?*
wie lange?	*how long?*
wie viel(e)?	*how much (many)?*
wo?	*where?*

The question word comes first, just like in English:

Was machst du im Winter? *What do you do in the winter?*

46 Here are the answers. What were the questions?

*Beispiel: **1** Warum spielst du Schach?*

1 Ich spiele Schach, weil es interessant ist.
2 Ja, ich gehe gern einkaufen.
3 Ich fahre mit dem Bus zur Schule.
4 Nein, ich habe kein Fahrrad.
5 Ich fahre am Samstag nach London.
6 Das ist meine Mutter.
7 Ja, ich spiele gern Tennis.
8 Nein, ich mag nicht klassische Musik.
9 Ich verdiene kein Geld.
10 Ich wohne in Berlin.

10 (nicht) gern, lieber and am liebsten

To say that someone likes doing something, put **gern** after the verb:

 Ich esse <u>gern</u> Pommes. *I like eating chips.*

To say that someone doesn't like something, use **nicht gern**:

 Ich trinke <u>nicht gern</u> Kaffee. *I don't like to drink coffee.*

To say that someone prefers something, use **lieber**:

 Ich esse <u>lieber</u> Kuchen. *I prefer to eat cake.*

To say what someone likes most of all, use **am liebsten**:

 <u>Am liebsten</u>, esse ich Schokolade. *Most of all, I like eating chocolate.*

In questions, put **gern / lieber / am liebsten** after the pronoun:

Isst du <u>gern</u> Pizza?	*Do you like eating pizza?*
Was trinkst du <u>lieber</u>?	*What do you prefer to drink?*
Was isst du <u>am liebsten</u>?	*What do you like eating most of all?*

47 Write sentences about the teenagers.
✓ = gern, ✓✓ = lieber, ✗ = nicht gern

Beispiel: Max macht gern (✓) Babysitting, aber er spielt lieber (✓✓) Fußball. Am liebsten (✓✓✓) hört er Musik. Er sieht nicht gern (✗) DVDs.

	Fußball spielen	DVDs sehen	Babysitting machen	Musik hören
1 Max	✓✓	✓	✗	✓✓✓
2 Laura	✗	✓✓	✓✓✓	✓
3 Niklas	✓✓✓	✓	✗	✓✓
4 Isabel	✓✓	✓✓✓	✓	✗

11 Extras

11.1 Numbers

0	null	20	zwanzig
1	eins	21	einundzwanzig
2	zwei	22	zweiundzwanzig
3	drei	23	dreiundzwanzig
4	vier	24	vierundzwanzig
5	fünf	25	fünfundzwanzig
6	sechs	26	sechsundzwanzig
7	sieben	27	siebenundzwanzig
8	acht	28	achtundzwanzig
9	neun	29	neunundzwanzig
10	zehn	30	dreißig
11	elf	40	vierzig
12	zwölf	50	fünfzig
13	dreizehn	60	sechzig
14	vierzehn	70	siebzig
15	fünfzehn	80	achtzig
16	sechzehn	90	neunzig
17	siebzehn	100	hundert
18	achtzehn	200	zweihundert
19	neunzehn	250	zweihundertfünfzig

11.2 Days

These are the days of the week in German:

Montag
Dienstag
Mittwoch
Donnerstag
Freitag
Samstag
Sonntag

To say *on* a day, use **am**:
Am Donnerstag ... *On Thursday ...*

11.3 Dates

You give dates like this:
Mein Geburtstag ist <u>am zweiten</u> Januar.
My birthday is on the second of January.

The date is made by putting **am** before the number and **-(s)ten** on the end of it. A few dates (shown in bold) are irregular:

1. am **ersten**
2. am zweiten
3. am **dritten**
4. am vierten
5. am fünften
6. am sechsten
7. am **siebten**
8. am achten
9. am neunten
10. am zehnten
11. am elften
12. am zwölften
13. am dreizehnten
... etc...
19. am neunzehnten
20. am zwanzig**sten**
21. am einundzwanzig**sten**
30. am dreißig**sten**

11.4 Months

Januar	Februar	März
April	Mai	Juni
Juli	August	September
Oktober	November	Dezember

10.5 Times

1:30	**Es ist halb zwei.**
1:40	**Es ist zwanzig vor zwei.**
1:45	**Es ist Viertel vor zwei.**
1:50	**Es ist zehn vor zwei.**
2:00	**Es ist zwei Uhr.**
2:10	**Es ist zehn nach zwei.**
2:15	**Es ist Viertel nach zwei.**
2:20	**Es ist zwanzig nach zwei.**

Notice that **halb zwei** is *half-past <u>one</u>*, not *half-past <u>two</u>*.

To say *at* a time, you use **um**:

Um zehn Uhr spiele ich Tennis.
At ten o'clock I am playing tennis.

Wortschatz Englisch – Deutsch

A

a	ein(e)
a bit	ein bisschen
to be able to, can	können
actually	tatsächlich
advice, tip	der Rat
afternoon	der Nachmittag(-e)
in the afternoon	nachmittags
afterwards	danach, nachher
again	noch mal
age	das Alter
alarm clock	der Wecker(-)
all	alle
already	schon
also	auch
always	immer
and	und
apple juice	der Apfelsaft(¨e)
arm	der Arm(-e)
at home	zu Hause
at	bei
autumn	der Herbst(-e)
awful	furchtbar

B

to babysit	Babysitten
back	der Rücken(-)
back, return	zurück
backache	die Rückenschmerzen (pl)
bad	schlecht, schlimm
to bake	backen
bakery	die Bäckerei(-en)
baseball cap	die Baseballmütze(-n)
to be	sein
because	weil
to become	werden
bedroom	das Schlafzimmer(-)
to believe	glauben
best	beste
better	besser
between	zwischen
big	groß
a bit	ein bisschen
boat	das Boot(-e)
boat trip	die Bootsfahrt(-en)
bookshop	die Buchhandlung(-en)
boring	langweilig
to borrow	leihen
bottle	die Flasche(-n)
boy	der Junge(-n)
to build	bauen
bus station	der Busbahnhof(¨e)
but	aber
butcher's shop	die Metzgerei(-en)
to buy	kaufen
bye	Tschüs

C

cake shop	die Konditorei(-en)
camp site	der Campingplatz(¨e)
can	die Dose(-n)
car	das Auto(-s)
carrot	die Karotte(-n)
cartoon	der Zeichentrickfilm(-e)
cat	die Katze(-n)
celebrate	feiern
cheap	billig
cheese	der Käse(-)
chemist's	die Drogerie(-n)
chequered	kariert
cherry	die Kirsche(-n)
chicken	das Hähnchen(-)
chicken soup	die Hähnchensuppe(-n)
children's programme	die Kindersendung(-en)
Christmas	Weihnachten (-)
Christmas card	die Weihnachtskarte(-n)
Christmas carol	das Weihnachtslied(-er)
Christmas Eve	der Heiligabend(-e)
Christmas tree	der Weihnachtsbaum(¨e)
city, town	die Stadt(¨e)
clothes shop	das Modegeschäft(-e)
clothes	die Kleidung
cold	kalt
colour	die Farbe(-n)
comedy	die Komödie(-n)
to come	kommen
to complete	ergänzen
computergame	das Computerspiel(-e)
computershop	der Computerladen(¨n)
a couple of …	ein paar …
course	der Kurs(-e)
crisps	die Chips (pl)
cup	die Tasse(-n)
to cycle	Rad fahren
cycling tour	die Fahrradtour(-en)
cycling tour	die Radtour(-en)

D

dad	der Vati(-s)
daily	täglich
daily routine	das Tagesprogramm, der Tagesablauf(¨e)
to dance	tanzen
day	der Tag(-e)
day after tomorrow	übermorgen
day before yesterday	vorgestern
Dear (on a letter)	Liebe, Lieber
to decorate	dekorieren
to deliver newspapers	Zeitungen austragen
department store	das Kaufhaus(¨er)
to design	entwerfen
dessert	der Nachtisch(-e)
diary	das Tagebuch(¨er)
difficult	schwierig
disgusting	eklig
to do	tun
doctor	der Arzt(¨e) / die Ärztin(-nen)
documentary film	der Dokumentarfilm(-e)
to download	herunterladen, downloaden
dress	das Kleid(-er)
drink	das Getränk(-e)
to drink	trinken

E

ear	das Ohr(-en)
earache	die Ohrenschmerzen (*pl*)
early	früh
to earn	verdienen
earring	der Ohrring(-e)
to eat	essen
egg	das Ei(-er)
elbow	der Ellenbogen(-)
electrical	elektrisch
environment	die Umwelt(-en)
evening	der Abend (-e)
in the evening	abends
evening meal	das Abendessen(-)
every	jede / jeder / jedes
exchange	der Austausch(-e)
exciting	spannend

F

famous	berühmt
fashion	die Mode(-n)
fashionable, trendy	modisch
favourite	Lieblings-
fever / temperature	das Fieber(-)
few	wenige
finally	zum Schluss
first	erster / erste / erstes
first of all	zuerst
fitness centre	das Fitnesszentrum(-en)
it is foggy	es ist neblig
it is frosty	es ist frostig
food, a meal	das Essen(-)
foot	der Fuß(ˍe)
football	der Fußball(ˍe)
for (three) hours	(drei) Stunden lang
for	für
forgetful	vergesslich
friend	der Freund(-e), die Freundin(-nen)
fruit	das Obst(-)
full	satt
it's fun	es macht Spaß
funny	komisch / lustig
future	die Zukunft

G

games arcade	die Spielhalle(-n)
to get	bekommen
to get dressed	sich anziehen
to get up	aufstehen
girl	das Mädchen(-)
girl's room	das Mädchenzimmer(-)
to give	geben
glad	froh
glass	das Glas(ˍer)
glittery	glitzernd
to go for a walk	spazieren gehen
to go out	ausgehen
to go shopping	einkaufen gehen
to go swimming	schwimmen gehen
good	gut

H

goose	die Gans(ˍe)
grade	die Note(-n)
grandfather	der Opa(-s)
grandmother	die Oma(-s)
grandparents	die Großeltern (*pl*)
great	klasse, prima, toll
green	grün
grilled sausage	die Bratwurst(ˍe)
group of friends	die Clique(-n)

half (past one)	halb (zwei)
ham	der Schinken(-)
to hate	hassen
to have	haben
to have to, must	müssen
to have visitors	Besuch haben
head	der Kopf(ˍe)
headache	die Kopfschmerzen (*pl*)
health	die Gesundheit
healthy	gesund
Hello!	Hallo!
her	ihr, ihre
hike	die Wanderung (-en)
his	sein, seine
holidays	die Ferien (*pl*)
homework	die Hausaufgabe(-n), die Schularbeit(-en)
horse riding	reiten
hot	heiß
How are you?	Wie geht's?
How long for?	Für wie lange?
how many / much	wie viel(e)?
how	wie
to hurt	weh tun

I

ill	krank
important	wichtig
in	in
it	er / sie / es

J

jacket	die Jacke(-n)
jewellery	der Schmuck
journey	die Reise(-n)

K

knee	das Knie(-)
to know	kennen

L

last	letzte
late	spät
later	später
to learn	lernen
left	links
leg	das Bein(-e)
I like ...	ich ...gern
to like	mögen
to like (sth.)	gefallen
to like most of all	am liebsten

live	wohnen
lucky, happy	glücklich

M

magazine	die Zeitschrift(-en)
main course	das Hauptgericht(-e)
to make	machen
many	viele
mean	gemein
meat	das Fleisch
medicine	das Medikament(-e)
to meet up	sich treffen
to mention	erwähnen
milk	die Milch
miniskirt	der Minirock(¨e)
mistake	der Fehler(-)
mobile phone	das Handy(-s)
money	das Geld
month	der Monat(-e)
morning	der Morgen(-)
morning	der Vormittag(-e)
in the morning	morgens
mostly	meistens
mouth	der Mund(¨er)
Mr	Herr
Mrs	Frau
mum	die Mutti(-s), Mama(-s)
museum	das Museum(Museen)
mushroom	der Champignon(-s)
music programme	die Musiksendung(-en)
music shop	der Musikladen(¨)

N

nature programme	die Tiersendung(-en)
near	in der Nähe von
neck	der Hals(¨e)
never	nie
new	neu
news	die Nachrichten (pl)
next	nächste
nice	nett
night	die Nacht(¨e)
nightmare	der Alptraum(¨e)
no	nein
no, not a	kein / keine
normally	normalerweise
not	nicht
nothing	nichts
now	jetzt
now and then	ab und zu

O

of course	natürlich
often	oft
once	einmal
one, you	man
onion	die Zwiebel(-n)
only	nur
opinion	die Meinung(-en)
or	oder
orange juice	der Orangensaft(¨e)
orange	die Orange(-n)

otherwise	sonst
our	unsere, unser
outdoor swimming pool	das Freibad(¨er)

P

parents	die Eltern(pl)
pasta	die Nudel(-n)
pear	die Birne(-n)
pepper	der Paprika(-s)
perhaps	vielleicht
piano	das Klavier(-e)
pineapple	die Ananas(-se)
to play on the computer	am Computer spielen
please	bitte
pocket money	das Taschengeld(-er)
poor	arm
potato	die Kartoffel(-n)
practical	praktisch
to practise	üben
present	das Geschenk(-e)
programme	die Sendung(en)
protective pads	der Schützer(-)

Q

quarter to / past	Viertel vor / nach
quickly, fast	schnell
quite	ziemlich
quizshow	die Quizsendung

R

it's raining	es regnet
rarely	selten
really	wirklich
to read	lesen
to recycle	recyceln
red	rot
regards	Grüße
rice	der Reis
riding lessons	der Reitkurs(-e)
room	das Zimmer(-)
to run	laufen

S

sad	traurig
salad	der Salat(-e)
salty	salzig
Saturday	der Samstag(-e)
sausage	die Wurst(¨e)
to save	sparen
school trip	der Ausflug(¨e), die Klassenfahrt(-en)
score	der Punkt(-e)
Scotland	Schottland
to sell	verkaufen
series	die Serie(-n)
she	sie
shop	das Geschäft(-e)
shopping list	die Einkaufsliste(-n)
short	kurz
should	sollen
to show	zeigen
shy	schüchtern

Wortschatz

since when?	seit wann?
since	seit
to ski	Ski fahren
slowly	langsam
smart, trendy	schick
snow	der Schnee
it's snowing	es schneit
so, therefore	also
some	einige
sometimes	manchmal
sore throat	die Halsschmerzen
I'm sorry.	Es tut mit Leid.
to speak, to talk	sprechen
sports centre	das Sportzentrum(-zentren)
sports programme	die Sportsendung(-en)
sports shop	das Sportgeschäft(-e)
spotted	gepunktet
spring	der Frühling(-e)
starter	die Vorspeise(-n)
to stay	bleiben / wohnen
to stay fit	fit bleiben
stomach-ache	die Bauchschmerzen (pl)
strawberry	die Erdbeere(-n)
strawberry cake	die Erdbeertorte(-n)
strict	streng
striped	gestreift
summer	der Sommer(-)
sun	die Sonne(-n)
sweet / cute	süß
sweets	die Süßigkeiten (pl)
(to go) swimming	schwimmen (gehen)
swimsuit	der Badeanzug(¨e)

T

tasty	lecker
tea	der Tee(-s)
television	der Fernseher
on television	im Fernsehen
television programme	die Fernsehsendung(-en)
terrible	schrecklich
to text	eine SMS schicken
the	der / die / das
then	dann
there	da / dort
therefore	also
there is / are	es gibt
this evening	heute Abend
this	dieser / diese / dieses
throat pastille	das Halsbonbon(-s)
time	die Zeit(-en), die Uhr
tired	müde
to	nach
today	heute
toe	der Zeh(-en)
tomorrow	morgen
too	zu
tooth	der Zahn(¨e)
toothache	die Zahnschmerzen (pl)
toothpaste	die Zahnpasta(-pasten)
towel	das Handtuch
town centre	die Stadtmitte(-n)
train	der Zug(¨e)

tram	die S-Bahn(-en)
it's your turn	du bist dran

U

uncle	der Onkel(-)
under	unter
underground	die U-Bahn(-en)
unfortunately	leider
unfriendly	unfreundlich
unhealthy	ungesund
uninteresting	uninteressant
until	bis

V

vanilla ice cream	das Vanilleeis
vegetables	das Gemüse(-)
very	sehr
to visit	besuchen

W

to wake up	aufwachen
walk	der Spaziergang(¨e)
to walk	gehen, laufen
to want	wollen
warm	warm
to wash	waschen
to watch a film	einen Film sehen
water	das Wasser(-)
to wear	tragen
weather	das Wetter(-)
webpage	die Webseite(-n)
weekend	das Wochenende(-n)
welcome	herzlich willkommen
What a shame!	Schade!
What are you saving up for?	Worauf sparst du?
what	was
What's the matter?	Was ist los?
What time is it?	Wie viel Uhr ist es?
when	wann
when, if	wenn
where	wo
which	welche, welcher, welches
white	weiß
who	wer
why	warum
it is windy	es ist windig
with it I buy …	damit kaufe ich …
with	mit
without	ohne
to work	arbeiten
would like to	möchte(n)
to write	schreiben

Y

yesterday	gestern
you	du
young	jung
youth club	der Jugendklub(-s)
youth hostel	die Jugendherberge(-n)

Wortschatz Deutsch — English

A

ab und zu	now and then
das Abendbrot(-)	evening meal
das Abendessen(-)	evening meal
zu Abend essen	to have supper/evening meal
abends	in the evening
das Abenteuer(-)	adventure
aber	but
die Abfahrt	downhill skiing
absolut	absolutely
alle(s)	all
allein	alone
der Alptraum("e)	nightmare
alt	old
also	so, therefore
das Alter	age
die Altersbeschränkung(-en)	age restriction
die Ananas	pineapple
der Anfang("e)	beginning, start
anderer / andere / andere	other
angeln	to fish
anstrengend	tiring
sich anziehen	to get dressed
der Apfel(")	apple
der Apfelsaft(")	apple juice
arbeiten	to work
arm	poor
der Arm(-e)	arm
der Arzt	doctor (male)
die Ärztin	doctor (female)
auch	also, too
auf (der Party)	at (the party)
aufstehen	to get up
aufwachen	to wake up
das Auge(-n)	eye
ausgehen	to go out
der Ausflug("e)	excursion, school trip
der Austausch(-e)	exchange
das Auto(-s)	car
die Autobahn(-en)	motorway

B

Babysitting machen	to babysit
backen	to bake
die Bäckerei(-en)	bakery
der Badeanzug("e)	swimsuit
das Badezimmer(-)	bathroom
der Bahnhof("e)	railway station
bald	soon
die Banane(-n)	banana
die Baseballmütze(-n)	baseball cap
der Bauch	stomach
die Bauchschmerzen	stomach-ache
bei Freunden	at / with friends
das Bein(-e)	leg
bekommen	to get, receive
bequem	comfortable
der Berg(-e)	mountain
der Bericht(-e)	report
berühmt	famous

besonders	especially
besser	better
beste	best
Besuch haben	to have visitors
besuchen	to visit
das Bett(-en)	bed
das Bier(-)	beer
billig	cheap
die Birne(-n)	pear
bis	until
ein bisschen	a bit
blau	blue
bleiben	to stay
es blitzt	it's lightning
die Bluse(-n)	blouse
das Bonbon(-s)	sweet
das Boot(-e)	boat
die Bootsfahrt(-en)	boat trip
die Bratwurst("e)	grilled sausage
brauchen	to need
braun	brown
die Brezelbude(-n)	pretzel stall
der Brief(-e)	letter
das Brot(-e)	bread
das Brötchen(-)	breadroll
das Brustschwimmen	breast stroke
der Bruder(")	brother
das Buch("er)	book
die Buchhandlung(-en)	bookshop
der Busbahnhof("e)	bus station

C

der Campingplatz("e)	camp site
der Champignon(-s)	mushroom
die Chips (pl)	crisps
die Clique(-n)	group of friends
am Computer spielen	to play on the computer
der Computerladen(")	computer shop
das Computerspiel(-e)	computer game

D

da	there
damit kaufe ich ...	with it I buy ...
das Diskuswerfen	discus
danach	afterwards
dann	then
darin	in
dekorieren	to decorate
denn	because
der Diamant(-en)	diamond
der Dieb(-e)	thief
der Dienstag(-e)	Tuesday
dieser / diese / dieses	this / these
der Dokumentarfilm(-e)	documentary film
der Donnerstag(-e)	Thursday
es donnert	it's thundering
doof	stupid
Doppel-	double
das Dorf("er)	village
dort	there
die Dose(-n)	can/tin
du bist dran	it's your turn

	dreifach	triple
die	Drogerie(-n)	chemist's
der	Durst	thirst
	Hast du Durst?	Are you thirsty?
	duschen	to have a shower

E

	echt	really
	ehrgeizig	ambitious
das	Ei(-er)	egg
	einfach	easy
	einige	some, several
	einkaufen gehen	to go shopping
der	Einkaufsbummel(-)	shopping trip
die	Einkaufsliste(-n)	shopping list
der	Eintopf(¨e)	stew
	Einzel-	single
das	Eis	ice cream
	eklig	disgusting
	elektrisch	electric
der	Ellenbogen(-)	ellbow
die	Eltern (pl)	parents
	enden	to end
der	Entschuldigungszettel(-)	note of absence
	entwerfen	to design
die	Erdbeere(-n)	strawberry
die	Erdbeertorte(-n)	strawberry cake
die	Erdkunde	geography
	erfolgreich	successful
	ergänzen	to complete
	erster / erste / erstes	first
	etwas	something
der	Europameister(-)	European champion

F

das	Fach(¨er)	subject
	fahren	to drive
die	Fahrkarte(-n)	ticket
die	Fahrradtour(-en)	cycling tour
die	Familie(-n)	family
der	Familienstammbaum(¨e)	family tree
die	Fantasie(-n)	fantasy
die	Farbe(-n)	colour
	faulenzen	to laze about
der	Favorit(-en)	team / person most likely to win
	Federball spielen	to play badminton
der	Fehler(-)	mistake
	feiern	to celebrate
die	Ferien (pl)	holidays
das	Ferienhaus(¨er)	holiday home
die	Ferienwohnung(-en)	holiday flat
	fernsehen	to watch television
der	Fernseher	television
der	Fernsehkanal	tv channel
das	Fernsehprogramm(-e)	television guide
die	Fernsehsendung(-en)	television programme
das	Fieber	fever / temperature
	einen Film sehen	to watch a film
	finden	to find
	Wie findest du ...?	What do you think about ...?
	fit bleiben	to stay fit
der	Finger(-)	finger
das	Fitnesszentrum(en)	fitness centre

die	Flasche(-n)	bottle
das	Fleisch	meat
	fliegen	to fly
das	Flugzeug(-e)	aeroplane
das	Foto(-s)	photograph
	Frankreich	France
die	Frau(-en)	woman
die	Frauenmannschaft(-en)	women's team
der	Freizeitpark(-s)	adventure park
der	Freund(-e)	friend (male)
die	Freundin(-nen)	friend (female)
	freundlich	friendly
	froh	glad
	frostig	frosty
	früh	early
der	Frühling(-e)	spring
	frühstücken	to have breakfast
	furchtbar	awful
der	Fuß(¨e)	foot
der	Fußball(¨e)	football

G

die	Gans(¨e)	goose
	ganz	totally
	gar nicht	not at all
der	Garten(¨)	garden
der	Geburtstag(-e)	birthday
das	Gedicht	poem
	gefährlich	dangerous
	gefallen	to like (sth.)
	gegen	versus
	gelb	yellow
das	Geld(-er)	money
	gemein	mean
	gemeinsam	together (with)
das	Gemüse(-)	vegetables
	gepunktet	spotted/polka dotted
	gern (+ verb)	like (doing)
das	Geschäft(-e)	shop
das	Geschenk(-e)	present
	Geschichte	history
	gestern	yesterday
	gestreift	striped
	gesund	healthy
die	Gesundheit	health
das	Getränk	drink
	gewinnen	win
	geben	to give
	es gibt	there is
das	Glas(¨er)	glass/jar
	glauben	to believe
	gleich	immediately, straight away
	glitzern	to glitter
	Viel Glück!	Good luck!
	glücklich	lucky, happy
	grau	grey
	groß	large
die	Großeltern (pl)	grandparents
die	Großmutter(¨)	grandmother
	grün	green
der	Gruß(¨e)	regards
	gut	good

Wortschatz Deutsch — English

H

das	Haar(-e)	hair
das	Hähnchen(-)	chicken
die	Hähnchensuppe(-n)	chicken soup
	halb (zwei)	half (past one)
das	Halbfinale(-)	semi-final
	Hallo!	Hello!
der	Hals(¨e)	neck
das	Halsbonbon(-s)	throat lozenge
die	Halsschmerzen (pl)	sore throat
die	Hand(¨e)	hand
die	Hausaufgabe(-n)	homework
das	Handtuch(¨er)	towel
das	Handy(-s)	mobile phone
	hassen	to hate
der	Hauptbahnhof(¨e)	main railway station
das	Hauptgericht(-e)	main course
der	Heiligabend(-e)	Christmas Eve
	heiß	hot
	helfen	to help
der	Helm(-e)	helmet
das	Hemd(-en)	shirt
der	Herbst(-)	autumn
der	Herr(-en)	Sir / Mr
	herunterladen	to download
	heute (Abend)	this evening
	heutzutage	nowadays
	herzlich willkommen	welcome
die	Hilfe(-n)	help
	historisch	historic
	hoffentlich	hopefully
	hoffnungslos	hopeless
der	Honig	honey
die	Hose(-n)	(a pair of) trousers
der	Hund(-e)	dog
	hundertprozentig	one hundred per cent
	(Hast du) Hunger?	(Are you) hungry?

I

die	Idee(-n)	idea
	Igitt!	Urgh!
	immer	always
	in zwei Jahren	in two years
die	Insel(-n)	island
	insgesamt	in total
	interessant	interesting

J

die	Jacke(-n)	jacket
das	Jahr(-e)	year
die	Jahreszeit(-en)	season
	jeder / jede / jedes	every
	jetzt	now
die	Jugendherberge(-n)	youth hostel
der	Jugendklub(-s)	youth club
	jung	young
der	Junge(-n)	boy
das	Jungenzimmer(-)	boy's room

K

der	Kaffee	coffee
	Kajak fahren	to go kayaking
	kalt	cold
	Kanu fahren	canooing
	kariert	chequered
die	Karotte(-n)	carrot
die	Karte(-n)	ticket/card
die	Kartoffel(-n)	potato
	kaufen	to buy
der	Käse	cheese
die	Katze(-n)	cat
das	Kaufhaus(¨er)	department store
	kein / keine / kein	not a, no
der	Keks(-e)	biscuit
	kennen	to know
	kennen lernen	to get to know
das	Kilo(-s)	kilogram
die	Kindersendung(-en)	children's programme
das	Kino(-s)	cinema
die	Kirche(-n)	church
die	Kirsche(-n)	cherry
die	Kirschtorte(-n)	cherry cake
	klasse	great
die	Klassenfahrt(-en)	school trip
das	Klavier(-e)	piano
das	Kleid(-er)	dress
die	Kleidung	clothes
	klein	small
	klettern	to climb
das	Knie(-)	knee
der	Knoblauch	garlic
der	Knödel(-)	dumpling
	k.o.	exhausted
	komisch	funny, silly
	kommen	to come
die	Komödie(-n)	comedy
die	Konditorei(-en)	cake shop
	können	to be able to, can
der	Kopf(¨e)	head
die	Kopfschmerzen (pl)	headache
	kosten	to cost
das	Kostüm(-e)	costume / outfit
das	Krafttraining	body building
	krank	ill
das	Kraulen	crawl (swimming)
der	Krimi(-s)	detective story
die	Kritik(-en)	critique, review
der	Kuchen(-)	cake
der	Kuli(-s)	ballpoint pen
der	Kurs(-e)	course
	kurz	short

L

das	Land(¨er)	country
	lang	long
	Für wie lange?	How long for?
	langsam	slowly
	langweilig	boring
	laufen	to run
	launisch	moody
	laut	loud
das	Leben(-)	life
	lecker	tasty

die	Leichtathletik	athletics
	Es tut mit Leid.	I'm sorry.
	leider	unfortunately
	leihen	to borrow
	lernen	to learn
	letzter / letzte / letztes	last
	Liebe, Lieber	Dear
	lieber (+ verb)	prefer (doing)
der	Liebesfilm	love story
	Lieblings-	favourite
	am liebsten	to like most of all
die	Limonade(-n)	lemonade
	links	left
die	Lippe(-n)	lip
die	Lücke(-n)	gap
	lustig	funny

M

das	Mädchen(-)	girl
das	Mädchenzimmer(-)	girl's room
das	Mal(-e)	time
das	erste Mal	the first time
die	Mama	mum
	man	one, you
	manchmal	sometimes
der	Mann(-̈r)	man
die	Mannschaft(-en)	team
der	Markt(-̈e)	market
der	Marktplatz(-̈e)	market place
die	Marmelade(-n)	jam
der	März	March
die	Medaille(-n)	medal
das	Mehl	flour
das	Medikament(-e)	medicine
die	Meinung(-en)	opinion
	meistens	mostly, most of the time
die	Meisterschaft(-en)	Championship
die	Metzgerei(-en)	butcher's shop
die	Mikrowelle(-n)	microwave (oven)
die	Milch	milk
das	Minigolf	crazy golf
der	Minirock(-̈e)	miniskirt
	mit	with
das	Mitglied(-er)	member
der	Mittag(-e)	midday
	zu Mittag essen	to have lunch
	mitten in	in the midst of, in the middle of
	möchten	would like to
die	Mode(-n)	fashion
das	Modegeschäft(-e)	clothes shop
	modisch	fashionable, trendy
	mögen	to like
der	Monat(-e)	month
der	Montag(-e)	Monday
	morgen	tomorrow
der	Morgen(-)	morning
	morgens	in the morning
	müde	tired
	müssen	to have to, must
der	Mund(-̈er)	mouth
das	Museum(Museen)	museum
die	Musik	music

der	Musikladen(-̈)	music shop
die	Musiksendung(-en)	music programme
die	Mutter(-̈)/Mutti(-s)	mother/mum

N

	nach	to, after/past (times)
	nachher	afterwards
der	Nachmittag(-e)	afternoon
	nachmittags	in the afternoon
die	Nachrichten (pl)	news
	nächster / nächste / nächstes	next
	in der Nähe von	near
die	Nacht(-̈e)	night
der	Nachtisch(-e)	dessert
	nachts	at night
die	Nase(-n)	nose
	natürlich	of course, naturally
	es ist neblig	it's foggy
	nett	nice
	neu	new
	nicht	not
	nichts	nothing
	nie	never
	Was noch?	What else?
der	Norden(-)	North
die	Nordsee(-)	North Sea
	normalerweise	normally
die	Note(-n)	grade
die	Nudel(-n)	pasta
	nur	only

O

das	Obst	fruit
	oder	or
der	Ofen(-̈)	oven
	oft	often
	ohne	without
das	Ohr(-en)	ear
die	Ohrenschmerzen (pl)	ear ache
der	Ohrring(-e)	earring
die	Oma(-s)	grandmother
das	Olympische Dorf	the Olympic Village
der	Onkel(-)	uncle
der	Opa(-s)	grandfather
die	Orange(-n)	orange
der	Orangensaft(-̈e)	orange juice
der	Osten(-)	East
	Österreich	Austria

P

	ein paar ...	a couple of ...
das	Paar(-e)	pair
	Papa	dad
der	Paprika(-s)	pepper
das	Parfüm(-e)	perfume
die	Persönlichkeit(-en)	personality
das	Pferd(-e)	horse
die	Piste(-n)	piste
das	Pfund(-e)	pound
der	Plan	plan
der	Platz(-̈e)	place

der	Platz zwei	second place
der	Po(-s)	bottom
die	Polizei	police
der	Polizeichef(-s)	police chief
die	Pommes	chips
die	Postkarte(-n)	postcard
	praktisch	practical
	prima	great
	pro	per
der	Profi(-s)	professional
der	Prospekt(-e)	brochure
	pünktlich	on time, punctual
der	Punkt(-e)	score

Q

die	Quizsendung	quiz show

R

	Rad fahren	to cycle
der	Radsportler(-)	professional cyclist (masculine)
die	Radsportlerin(-nen)	professional cyclist (feminine)
die	Radtour(-en)	cycling tour
der	Rat	tip, advice
	recyceln	to recycle
die	Regel(-n)	rule
	es regnet	it's raining
der	Reis	rice
die	Reise(-n)	journey
das	Reiten	horse riding
der	Reitkurs(-e)	riding lesson
der	Rennfahrer(-)	racing driver
der	Reporter(-)	journalist (male)
die	Reporterin(-nen)	journalist (female)
	richtig	correct, right
	rot	red
der	Rücken(-)	back
die	Rückenschmerzen (pl)	backache
das	Rudern	rowing
der	Ruhetag(-e)	day of rest

S

der	Saft(¨e)	juice
der	Salat(-e)	salad
	salzig	salty
der	Samstag(-e)	Saturday
der	Sand	sand
	satt	full
die	S-Bahn(-en)	tram
	Schade!	What a shame!
	schick	trendy, smart
	schicken	to send
der	Schinken(-)	ham
der	Schinkenteller(-)	ham platter
das	Schlafzimmer(-)	bedroom
die	Schlagzeile(-n)	headline
	schlank	thin
	schlecht	bad
	schlimm	bad
das	Schloss(¨er)	castle
	zum Schluss	finally
	schmecken	to taste nice
der	Schmetterlingsstil(-e)	butterfly stroke

der	Schmuck	jewellery
der	Schnee	snow
die	Schneeballschlacht(-en)	snowball fight
	schneiden	to cut
	schnell	quickly, fast
das	Schnitzel(-)	veal cutlet
der	Schnupfen(-)	a cold
die	Schokolade(-n)	chocolate
	schon	already
	schön	beautiful
	Schottland	Scotland
	schrecklich	terrible
	schreiben	to write
	schüchtern	shy
der	Schuh(-e)	shoe
die	Schularbeit(-en)	homework
die	Schule(-n)	school
die	Schulkleidung	school clothes
die	Schulter(-n)	shoulder
der	Schützer(-)	protective pads
	schwarz	black
	Schwarzwälder Kirschtorte	Black Forest Gateau
die	Schwester(-n)	sister
	schwierig	difficult / hard
das	Schwimmbad(¨er)	public swimming bath
	schwimmen	to swim
	schwimmen (gehen)	(to go) swimming
die	See(-)	sea
der	Seemann(¨er)	sailor
	segeln	to sail
	sehr	very
die	Seifenoper(-n)	soap opera
	selten	rarely
	seit	since
die	Seite(-n)	side, page
die	Sendung(-en)	programme
die	Serie(-n)	series
der	Sitzplatz(¨e)	seat
	Ski fahren	to ski
die	Socke(-n)	sock
der	Sohn(¨e)	son
	sollen	should
der	Sommer(-)	summer
die	Sommerferien(-)	summer holidays
die	Sonne(-n)	sun
die	Sonnenbrille(-n)	sunglasses
die	Sonnenenergie(-n)	solar energy
	sonnig	sunny
	sonst	otherwise
	Was sonst?	What else?
	Sonst noch etwas?	Anything else?
der	Souvenirladen(¨)	souvenir shop
	spannend	exciting
	sparen	to save
	sparsam	economical
	es macht Spaß	it's fun
	spät	late
	später	later
der	Spaziergang(¨e)	walk
	spazieren gehen	to go for a walk
die	Speisekarte(-n)	menu

Wortschatz

die	Spielhalle(-n)	games arcade
der	Spinat	spinach
die	Spinne(-n)	spider
	spitze	great
die	Sportart(-en)	type of sport
das	Sportgeschäft(-e)	sports shop
der	Sportler(-)	sportsperson (male)
die	Sportlerin(-nen)	sportsperson (female)
	sportlich	sporty
die	Sportsendung(-en)	sports programme
das	Sportzentrum	sports centre
	sprechen	to speak, to talk
das	Stadion(Stadien)	stadium
die	Stadt(¨e)	city, town
die	Stadtmitte(-n)	town centre
	stark	strong
	stattfinden	to take place
	stecken	to put sth into sth
der	Stiefel(-)	boot
der	Stiefvater(¨)	step-father
der	Strand(¨e)	beach
die	Straßenbahn(-en)	tram
	streng	strict
das	Stück(-e)	piece
	(drei) Stunden lang	for (three) hours
die	Suppe(-n)	soup
	süß	sweet / cute
die	Süßigkeiten (pl)	sweets
das	Synchronschwimmen	synchronised swimming

T

die	Tablette(-n)	tablet
der	Tag(-e)	day
das	Tagebuch(¨er)	diary
der	Tagesablauf(¨e)	daily routine
	täglich	daily
die	Tante(-n)	aunt
	tanzen	to dance
das	Taschengeld(-er)	pocket money
die	Tasse(-n)	cup
	tatsächlich	actually
der	Tauchkurs(-e)	diving course
der	Tee(-s)	tea
der	Teig(-e)	dough
die	Theatergruppe(-n)	drama group
das	Theaterstück(-e)	play
das	Tier(-e)	animal
die	Tiersendung(-en)	nature programme
die	Tochter(¨)	daughter
	toll	great
die	Tomate(-n)	tomato
die	Torte(-n)	cake
	tragen	to wear
die	Traube(-n)	grape
	traurig	sad
	sich treffen	to meet up
	trinken	to drink
der	Truthahn(¨e)	turkey
	Tschüs	bye
	tun	to do
das	Turnier(-e)	tournament
die	Tüte(-n)	bag

U

die	U-Bahn(-en)	underground
	üben	to practise
	übermorgen	day after tomorrow
	wie viel Uhr	what time
die	Uhrzeit(-en)	the time
	um … zu	in order to
die	Umwelt(-en)	environment
	unehrlich	dishonest
	unfreundlich	unfriendly
	ungesund	unhealthy
	uninteressant	uninteresting
	unserer / unsere / unser	our
	unter	under
der	Untertitel(-)	subtitle
	unterwegs	on the way
	usw.	etc.

V

der	Vater(¨)	father
das	Velodrom(-e)	indoor bicycle race track
	verdächtigten	to suspect
	verdienen	to earn
	vergesslich	forgetful
	verkaufen	to sell
das	Verkehrsamt(¨er)	tourist information bureau
	sich verlieben	to fall in love
	zu viel	too much
	vielleicht	perhaps
	Viertel vor / nach	a quarter to / past
	von	of, from
	vor	in front of, before / to (times)
	vorbereiten	to prepare
	vorgestern	day before yesterday
der	Vormittag(-e)	late morning
die	Vorspeise(-n)	starter
der	Vortrag(¨e)	a talk, presentation

W

	während	during
	wandern	hiking
	wann	when
	seit wann	since when
	warm	warm
	warum	why
	Was ist los?	What's the matter?
	waschen	to wash
das	Wasser(-)	water
die	Webseite(-n)	webpage
der	Wecker(-)	alarm clock
	weh tun	to hurt
	Weihnachten(-)	Christmas
der	Weihnachtsbaum(¨e)	Christmas tree
die	Weihnachtskarte(-n)	Christmas card
das	Weihnachtslied(-er)	Christmas carol
	weil	because
	weiß	white
	welcher / welche / welches	which
der	Weltmeister(-)	World Champion
die	Weltmeisterschaft(-en)	World Championship

Wortschatz Deutsch — English

	wenige	few
	wer	who
	werden	to become
	wenn	when
	wichtig	important
die	Werbung(-en)	advertising
das	Wetter(-)	weather
	wie	how
	wiederholen	to repeat
	wiederkommen	to come back, to return
	wie viel	how much, how many
	Wie geht's?	How are you?
	wieder	again
	Wildwasser fahren	white-water rafting
	es ist windig	it's windy
der	Winter(-)	winter
die	Winterferien (pl)	winter holidays
	wirklich	really
	wo	where
die	Woche(-n)	week
das	Wochenende(-n)	weekend
	wohin	where to
	wohnen	to live
das	Wohnhaus	house
der	Wohnort(-e)	place of residence
die	Wohnung(-en)	flat
das	Wohnzimmer(-)	living room
	wollen	to want
	wolkig	cloudy
	Worauf sparst du?	What are you saving up for?
	wunderschön	lovely
das	Würfelspiel(-e)	dice game
die	Wurst(¨e)	sausage
das	Würstchen(-)	small sausage

Z

der	Zahn(¨e)	tooth
die	Zahnpasta(-pasten)	toothpaste
die	Zahnschmerzen (pl)	toothache
das	ZDF	German television channel
der	Zeh(-en)	toe
der	Zeichentrickfilm(-e)	cartoon
	zeigen	to show
die	Zeit(-en)	time
	Zeit haben	to have time
die	Zeitschrift(-en)	magazine
	Zeitungen austragen	to deliver newspapers
das	Zentrum(Zentren)	centre
	zerstören	to destroy
	ziemlich	quite
das	Zimmer(-)	room
	zuerst	first of all
der	Zug(¨e)	train
	zu	too
die	Zukunft	future
	zurück	back, return
	zusammen	together
die	Zwiebel(-n)	onion
	zwischen	between

Wortschatz

Anweisungen

Ändere die Sätze.	*Change the sentences.*
Aufgabe.	*Exercise.*
Beantworte / Stell Fragen.	*Answer / Ask questions.*
Beantworte die Fragen auf Englisch / in ganzen Sätzen.	*Answer the questions in English / in complete sentences.*
Bereite … vor.	*Prepare.*
Beschreib.	*Describe.*
Bilde Sätze / Fragen.	*Construct sentences / questions.*
Diktier deine Sätze.	*Dictate your sentences.*
Diskussion.	*Discussion.*
Entwirf einen Plan für … .	*Design a plan for … .*
Ergänze den Brief / Text / die Sätze.	*Complete the letter / text / sentences.*
Finde die Verben / Untertitel.	*Find the verbs / captions.*
Füll die Tabelle / Lücken aus.	*Fill in the table / gaps.*
Gruppenarbeit.	*Group work.*
Gruppenspiel.	*Group game.*
Halte einen Vortrag über … .	*Give a talk about … .*
Hör zu.	*Listen.*
Korrigiere.	*Correct.*
Lies.	*Read.*
Lies den Text noch mal.	*Read the text again.*
Lies die ersten zwei Absätze.	*Read the first two paragraphs.*
Lös das Rätsel.	*Solve the puzzle.*
Mach das Buch zu.	*Close your book.*
Mach Dialoge / Notizen auf Englisch.	*Make dialogues / notes in English.*
Mach eine Umfrage.	*Do a survey.*
Notiere die Antworten.	*Note the answers.*
Ordne die Bilder.	*Put the pictures in the correct order.*
Partnerabeit.	*Pair work.*
Rate mal.	*Guess.*
Richtig oder falsch?	*True or false?*
Schlag nach.	*Look up … .*
Schreib ab / auf / neu aus.	*Copy / write down / rewrite.*
Schreib die Sätze zu Ende / richtig.	*Complete the sentences. / Write the sentences correctly.*
Schreib die Tabelle ab.	*Copy the table.*
Schreib ein paar Sätze auf.	*Write down a few sentences.*
Schreib eine E-Mail / einen Absatz / Brief / Dialog.	*Write an e-mail / a paragraph / letter / dialogue.*
Schreib einige Sätze / etwas über … .	*Write a few sentences about … .*
Schreib Untertitel.	*Write captions.*
Sieh dir die Bilder an.	*Look at the pictures.*
Sing mit.	*Sing along.*
Stell Fragen.	*Ask questions.*
Trag vor.	*Present.*
Überprüfe.	*Check.*
Umfrage.	*Survey.*
Verändere die Sätze.	*Change the sentences.*
Verbessere die falschen Sätze.	*Correct the sentences.*
Verbinde die Sätze.	*Join up the sentences.*
Vervollständige die Sätze.	*Complete the sentences.*
Was haben sie gemacht?	*What did they do?*
Was ist das auf Deutsch?	*How do you say this in German?*
Was ist die richtige Reihenfolge?	*What is the correct order?*
Was passt zusammen?	*What matches?*
Was sagen sie?	*What are they saying?*
Welcher Absatz / welches Bild ist das?	*Which paragraph / picture is it?*
Wer hat die Texte geschrieben?	*Who wrote the texts?*
Wer sagt das?	*Who says this?*
Wer spricht?	*Who is talking?*
Wie heißt das auf Deutsch / Englisch?	*How do you say this in German / English?*
Wie ist die richtige Reihenfolge?	*What is the correct order?*
Wie ist es richtig?	*What is correct?*
Wie oft machen sie das?	*How often are they doing this?*
Wie sagt man das auf Deutsch?	*How do you say this in German?*
Wie war es?	*What was it like?*
Wiederhole.	*Repeat.*
Zeichne die Personen / Uhren.	*Draw the people / clock.*